湖北省社科基金一般项目：
基于精准扶贫的湖北省城市低保受助者就业问题研究（2017163）
武汉科技大学文法与经济学院图书出版基金

社会救助制度丛书

非典型福利依赖
城市贫困者的就业选择与行动逻辑

宁雯雯 著

Atypical Welfare Dependency
Employment Choice and Action Logic of
The Urban Poor

社会科学文献出版社
SOCIAL SCIENCES ACADEMIC PRESS (CHINA)

前　言

"人有恒业，方能有恒心。"就业是最重要的民生，是维护家庭和社会稳定的基石。在城市中，存在着一个数量庞大的就业困难群体，他们有劳动能力，但出于种种原因，没能通过就业获得稳定的收入，导致家庭陷入贫困。这部分城市贫困者为什么陷入贫困？在有劳动能力的情况下，他们为什么不能通过就业实现家庭和个人的富足？本书针对城市贫困人口的就业问题展开经验研究，尝试回答上述问题。

人类自出现以来，与贫困的斗争从未停歇，以穷苦、匮乏、疾病为表征的自由缺失曾长期困扰着人们。为了获取最大的自由，实现美好生活，人们竭尽所能，不断地突破障碍。人类社会的发展史也是一部反贫困斗争史，在这个过程中，个人、家庭、国家各施所长。个体为了摆脱恶劣自然环境的限制进行迁徙，为了突破工具的限制不断创新，为了弥补知识的不足去接受教育……在这个过程中，家庭以及家族成员间互相扶持，共渡难关；而国家也扮演着越来越重要的角色，在1601年英国《伊丽莎白济贫法》颁布之前，政府层面的济贫措施已经出现，而《伊丽莎白济贫法》的出台标志着国家以系统完整的立法形式第一次介入济贫事务，接受救济从道义向权利演变。当然，在济贫事务中还有一个角色占据重要地位，那就是社会力量，包括宗教团体、行业协会、民间救济等，从早期的无组织自发性救济发展到当前的专业化社会救助，社会力量发挥着越来越突出的作用。

我国的济贫史可向上追溯到远古时期，氏族公社确定的"损有余而补不足"分配原则，强调了对氏族中弱者的共同责任。先秦时期涌现了一系列的民本思想，奉行"怀保小民，惠鲜鳏寡"，特别是儒家"博施济众"的民本思想在一定程度上被采纳，并在大一统之后占据突出地位。虽然很长一段时期内一系列济贫举措未形成正式的制度或政策，但济贫传统被历代统治者继承。到宋代，救济以国家制度的形式出现。同时，民间的救济传统从未停止。在中国差序格局的社会结构下，宗族互助是基于血缘建立的一种传统。即使到现代，求助于家族仍是很多陷入困境的个人和家庭的首要选择。除此之外，办义庄、设善堂也作为民间救助形式发展起来，发挥扶危济困的作用。

个体、家庭、国家、社会以不同的方式提供了多样化的济贫帮助，包括生活救济、物资帮扶、能力提升、机会提供等，各有侧重又相互交叠。在贫困救济的过程中，特别是正式救济的各主体，对贫困群体进行了区分，其中一个重要的标准是，有无劳动能力。对于有劳动能力者，相较于提供物资、实物支持外，还会向就业支持倾斜。中国历史上就有"以工代赈"的传统，1834年英国的《济贫法修正案》（新济贫法）中也限制了救济的范围，强调院内救济，防止"懒汉"挤占资源。梳理国内外救济史，我们会发现一个重要的特征，就是针对有劳动能力的贫困者，鼓励其就业的导向十分突出。在城市贫困治理中，这一问题更加受重视。

在我国经济社会转型的过程中，社会结构发生重大调整，出现了一个城市"新贫困"群体。在2000年前后的国企改革潮中，出现了一个下岗失业的城市新贫困群体，之后伴随经济结构的深度调整，城市中出现了一些虽然有劳动能力但不适应市场形势最终被市场淘汰的个人。进入新时代，在城市贫困治理中，结构性贫困问题突出，城市贫困者的就业问题亟须解决。

2013年习近平总书记在湖南湘西花坦县考察时首倡"精准扶贫"，中国的反贫困吹响了战斗的号角，减贫行动在全国范围开展。虽然反贫困的主战场在农村，但是城市反贫困的步伐也在加快。2016年,习近平总书记在东西部扶贫协作座谈会上的讲话中提出"一人就业,全家脱贫,增加就业是最有效最直接的脱贫方式",指出要"通过扶持就业发展来脱离贫困,鼓励和帮助所有可以就业的人自力更生获得更好的生活"。①这在城市贫困斗争中也同样适用。帮助零就业家庭动态清零是实现城市贫困家庭脱贫的最有效路径。

那么,这部分有劳动能力的城市贫困者目前是一种怎样的状况呢?他们是否实现了就业?如果是,他们在劳动力市场的处境怎样?如果不是,为什么难以实现就业呢?通过就业脱贫的策略在城市脱贫中到底遇到了哪些障碍?在这些障碍中有没有福利依赖的因素呢?是不是存在宁要救助不要就业的情况?为什么会存在这种状况?是主观上无就业意愿还是客观上缺乏就业环境,抑或二者兼而有之?在本书中,笔者对这些问题一一做出回答,尝试把城市贫困者置于宏观社会结构与微观个体家庭建构起来的完整系统中,在制度建构与受助者的生命历程中寻找答案,找出城市贫困者的就业行动逻辑。

本书的研究发现,城市贫困者的就业状况不容乐观,零就业家庭仍是很多城市贫困家庭的常态。即使就业,城市贫困者也很难在初级劳动力市场谋求一份高质量的工作,更多的是在次级劳动力市场从事不稳定的体力、半体力劳动,就业环境差、质量低,缺乏保障。次级劳动力市场的非稳定就业很难帮助城市贫困家庭走出贫困,"一人就业全家脱贫"的愿望,依靠次级劳动力市场很难实现。那么,他们能否打破劳动力市场的壁垒,实现高质量就业呢?现实状况是,很难。这时,出现了一个两难情况:就业难以脱贫,不就业不能脱贫。我们发现,城市贫困者的就业意愿并不强烈。那么,我们不禁要问,这是不是其中的关键原因?事实

---

① 《习近平扶贫论述摘编》,http://theory.people.com.cn/nl/2018/0921/c421125-30306827.html,最后访问日期:2019年7月12日。

上，这背后还有很多客观因素在起作用。个人的能力、健康状况、家庭情况是最主要的影响因素。这些城市贫困者大部分不具备满足市场结构性调整后高质量就业所需的条件，即个人能力欠缺。而在次级劳动力市场的就业环境下，就业对劳动者的年龄和体力有一定要求，往往是城市贫困者难以具备的。再者，这个群体中的主力是上有老或者下有小的中年人，对于一般家庭可以通过市场化方式解决的照料问题，在城市贫困家庭中则是另一番境遇。他们不具备依靠市场解决问题的能力，因此寄希望于自身，依靠家庭成员照料，成本反而更低。但这减少了其外出就业的机会，由此陷入了贫困的恶性循环。这个循环不打破，就不得不依赖救助，这似乎是一种难以避免的结局。所以，在救助与就业之间，城市贫困者做出一个更有利于自身、有利于家庭的选择，是有其内在逻辑的。

诺贝尔经济学奖获得者阿比吉特·班纳吉和埃斯特·迪弗洛在《贫穷的本质》一书中有这样一段话："即使这些人处于贫困状态，他们几乎在所有方面都和我们一样。穷人与我们有相同的欲望和弱点，也并不比我们理性多少——正好相反，恰恰因为他们几乎一无所有，我们常常会发现，穷人在做选择时会非常谨慎：为了生存，他们都需要成为精打细算的经济学家。然而，我们和他们的生活有着天壤之别。这在很大程度上是因为，我们对自己生活的方方面面都已经习以为常，几乎不会在这些方面细细思量。"（班纳吉、迪弗洛，2013）对于就业，穷人也在做出谨慎的选择。对于这些有劳动能力的贫困者，就业是不是他们及其家庭脱贫的最优解？那些有工作的贫困者否定了就业带来生活境遇改善的可能，甚至与一些没有工作的福利领取者相比，两个群体在生活状况上没出现本质的差别。所以，要不要就业，这是一个需要精打细算的问题，不要就业或不是对福利的依赖，而有可能是对就业的信心不足。就业不是一个成本收益率最大化的选择。这里的成本包括了机会成本，如就业后福利的减少，还包括可能带来的对劳动能力的损耗，毕竟我们的调查发现，这些人大部分在年龄上、体力上、健康状况上都不占优势，而能给他们提供的工作大部分却是需要消耗很多体力的。这份职业的前景怎么样？我们往往看到这是一份不稳定、不体面、没有太大上升空间，随着时间流逝就业空间会不断被挤压的工作。要不要为了这个不确定性放弃相对确定的，甚至可能收益上升（救助标准的提高、救助内容的增多）的福利呢？在我们的访谈中，大部分人对自身的就业以及由此带来的收益并不抱有乐观的态度，寄希望于下一代反而机会更大一些。所以我们看到，有时候依赖福利对于城市贫困者来说是一种权宜之计。在本书中，笔者更倾向于把这种福利依赖与西方意义上典型的福利依赖进行区分，借鉴其他学者的表述，将其称为"非典型福利依赖"。

这种非典型福利依赖是否有可能被打破，能否走出贫困的恶性循环怪圈呢？这里需要满足几个条件：一是依靠就业能够获得一份足够有保障的收入，即实现高质量的就业；二是有能力获得高质量就业机会；三是就业收入能够抵消家庭照料成本且有足够剩余。

要满足这几个条件，不是城市贫困者个人或其家庭能够完成的，很大程度上是结构性要素决定的。

首先，城市贫困者需要实现能力提升，为自己从无业到就业、从次级劳动力市场到初级劳动力市场的跨越积累人力资本。我们的研究发现，城市贫困者自身几乎无这方面的投入，而国家在此方面的投入，如技能培训，并未找准发力点，成效甚微。这导致他们的就业选择仍集中于次级劳动力市场。在普遍健康资本不足的情况下，他们的劳动力投入很难获得可观回报。在这里，要打通这一关键环节，需要对国家的就业能力提升计划做出调整。

其次，有就业机会，特别是高质量就业机会。一方面，是否有这样的高质量就业岗位提供给贫困者；另一方面，贫困者是否有渠道获得这种机会。回到第一个方面，市场转型升级带来产业调整，掌握一定技能的产业工人、服务业从业者等的市场缺口较大，也就是说市场具备相应岗位，但存在结构性需求不足。那么，再看第二个方面，城市贫困者能够获知这些信息吗？笔者在研究中发现一个突出的现象，城市贫困者的社会资本不足，家庭无法提供支撑，其他社会支持系统，如亲戚、朋友等非正式支持系统，与城市贫困家庭有较大的趋同性，难以发挥作用。可以看到，实现能力提升的同时，社会支持网络也需要拓展。正式支持网络在此时应发挥更突出作用，弥补非正式支持网络的不足。

最后，家庭照料的替代者是否存在，城市贫困者是否有条件使用。城市贫困者没有能力通过市场化的方式完成替代，此时，国家应出场。国家需要通过直接提供或购买服务的形式为城市贫困者提供免费或价格低廉的照料服务，或者说福利政策要转变救助方式，从以现金救助为主向以服务救助为主转型。只有同时满足了这些条件，城市贫困者才有可能更倾向于选择就业。

在本书的最后部分，笔者详细论证了这三个条件实现的路径，特别强调了从现有城市贫困治理的福利三角理论框架向福利四边形框架的转型。在当前背景下，国家的部分职能需要向社会力量让渡，例如，就业培训、家庭照料、社会支持网络的重构等。因此，第四个要素——"社会"要素——的加入势在必行。从就业能力提升角度出发，面向城市贫困者就业的技能培训应改变以往单一、缺乏针对性的培训形式，吸纳专业培训力量以及企业力量开展更具针对性、符合市场需求的就业培训，联通技能培训与就业通道。从就业机会获取角度出发，应强化正式支持网络与非正式支持网络建设，正式支持网络在就业信息发布、工作岗位提供方面具有优势，应充分发挥正式支持网络的作用，突破城市贫困者在就业中的信息壁垒；此外，提高非正式支持网络质量，打破原来以血缘为主构成的高同质性社会支持网络，充分发挥社区内支持力量，如发挥邻里互助、志愿服务、社会组织的作用。在家庭照料方面，需要为有劳动能力的城市贫困者走出家庭创造条件，将其从家庭照料的重担中解放出来。对此，国家可通过购买社会服务形式，以低偿、无偿形式为有照料需求的城市贫困家庭提供必要的照料服务。关于社会具体如何参与，本研究提出了一些思路，具体实施效果如何，还有待进一步的研究进行验证。

从福利三角理论框架到福利四边形框架，原有福利供给主体的角色和功能出现了相应调整，特别是国家在福利供给过程中，实现从生存型救助向发展型就业促进转变，将部分权利让渡给其他主体。在制度设计层面，制定以促进就业为导向的针对有劳动能力城市贫困者的救助政策，同时设定救助领取条件，引导其就业。城市贫困治理领域政策导向的转变，是城市贫困者就业行动选择的外部驱动力。在服务供给层面，将就业培训服务供给让渡给社会，加大就业服务投入，而不仅仅是救助金投入，要实现服务对象的人力资本提升，这是城市贫困者就业行动选择的内部驱动力。将家庭照料服务交给社会，解除城市贫困者就业的后顾之忧，减少其理性判断过程中的约束，将为其做出就业行动的理性选择提供保障。本研究认为城市贫困者的就业意愿低、长期依赖救助的状况是一种非典型福利依赖，相对于主观因素，更多受制于结构性要素。因此，解决思路应转向结构性要素调整。

本书是笔者在博士学位论文基础上完善而成的，基于教育部重大攻关项目"完善社会救助制度研究"调研数据展开分析。在写作过程中得到来自导师慈勤英教授、论文评阅人以及诸多同行的支持，在此一并感谢。同时，本书的出版得到了湖北省社科基金以及武汉科技大学文法学院图书出版基金支持，特此感谢！

2020 年于武汉

目 录

第一章　导论 …………………………………………………… 1
 第一节　研究背景 …………………………………………… 1
 第二节　研究综述 …………………………………………… 9
 第三节　研究内容与章节安排 ……………………………… 30

第二章　研究框架与研究策略 ………………………………… 38
 第一节　城市贫困者就业中的福利三角理论框架 ………… 38
 第二节　相关概念界定与变量操作 ………………………… 42
 第三节　理论视角：福利三角理论框架的建构 …………… 71
 第四节　模型建构与数据来源 ……………………………… 77

第三章　城市贫困者就业状况实证分析 ……………………… 81
 第一节　总体就业状况分析 ………………………………… 81
 第二节　就业质量 …………………………………………… 87
 第三节　未就业者状况分析 ………………………………… 91
 第四节　结论 ………………………………………………… 95

第四章　个体人力资本与城市贫困者就业 …………………… 98
 第一节　个体人力资本基本状况 …………………………… 98
 第二节　人力资本研究假设 ………………………………… 101
 第三节　人力资本对城市贫困者就业的影响 ……………… 102
 第四节　结论 ………………………………………………… 110

第五章　家庭福利与城市贫困者就业 ………………… 112
  第一节　家庭福利基本状况描述 …………………………… 112
  第二节　家庭福利研究假设 ………………………………… 117
  第三节　家庭福利对城市贫困者就业的影响 ……………… 118
  第四节　关于城市贫困者工作 - 家庭平衡的分析 ………… 129
  第五节　结论 ………………………………………………… 136

第六章　国家福利与城市贫困者就业 ………………… 139
  第一节　国家福利基本状况 ………………………………… 139
  第二节　国家福利研究假设 ………………………………… 146
  第三节　国家福利对城市贫困者就业的影响 ……………… 147
  第四节　结论 ………………………………………………… 157

第七章　城市贫困者就业行动逻辑 …………………… 159
  第一节　人力资本不足制约就业福利获得 ………………… 162
  第二节　"家庭失灵"——内外部福利制约就业 ………… 163
  第三节　直接干预为主的国家福利 ………………………… 165
  第四节　城市贫困者就业行动逻辑 ………………………… 167

第八章　非典型福利依赖：道德与普惠原则共同支配下的
    就业促进 ………………………………………… 170
  第一节　实证研究结论 ……………………………………… 170
  第二节　对城市贫困者福利三角的修正 …………………… 172
  第三节　研究展望 …………………………………………… 186

参考文献 ……………………………………………………… 191
附　录 ………………………………………………………… 210

第一章 导论

本章对研究问题及其提出背景、目前学界对于相关问题的研究进展,以及本研究的分析路径进行简要论述,为后文的分析奠定基础。其中,第一节简要分析中国城市贫困和城市低保救助的社会经济背景;第二节对当前关于贫困、就业以及贫困、救助与就业的关系的相关理论与实证研究进行述评;第三节在文献综述的基础上提出本研究的理论视角;第四节从研究问题界定、研究内容和本书架构等方面阐述本研究的主要思路。

第一节 研究背景

一直以来,贫困都是困扰各国的重要问题,是学术界长期关注的焦点。特别是对于处在转型时期的中国城镇来说,这一问题更加突出。在市场经济的发展过程中,科技进步和创新创造了很多新的业态,但劳动力难以适用经济和产业结构调整带来的新变化,从而出现大量结构性失业人员,一部分城市从业者在这一过程中被市场所淘汰,成为社会转型中的"失败者",在生活、就业等各方面陷入困境。在20世纪90年代以前,解决农村贫困问题是中国反贫困战略的重心。但是,在20世纪90年代以后,我国面临着城市经济体制改革和国有企业改革,一些地方出现了下岗潮。那些人力资本以及其他资源禀赋不足的劳动者无法应对科技进步、市场化改革,以及社会转型带来的冲击,从而陷入贫困。统计数据显示,1990年我国登记失业人数为383万人,到

非典型福利依赖：城市贫困者的就业选择与行动逻辑

2000年上升至595万人，2010年再次上升至908万人，截至2015年底，登记失业人数已经达到966万人。① 另外，根据清华大学、复旦大学、摩根大通联合发布的《中国劳动力市场技能缺口研究报告》，"十二五"期间城镇失业人口规模为2594万人，约占全部失业人口的85%，预测"十四五""十五五"期间这一数字会有所增加；由于经济结构转型导致结构性失业问题加重，结构性失业人口占全部失业人口的半数左右。② 虽然在不同统计口径和统计标准下，失业人口规模有较大差异，但我们仍可以看出，失业特别是结构性失业是城市地区的突出问题。因此，部分城市人口及家庭陷入城市贫困的高风险中。下岗、失业、待岗、无业人员及其家庭构成了城市的贫困者，也就是本书的研究主体。对于城市贫困人口的认定，笔者采用最低生活保障标准，将接受最低生活保障救助的家庭，即通常所讲的"低保户"，作为本研究的研究对象。

城市贫困问题逐渐进入研究者和政策制定者的视野。中国城市的反贫困政策在这样的背景下出台，城市贫困救助体系建立不断完善，先后经历了"初创试点、正式确立、全面实施、应保尽保、改革完善"几个阶段，反贫困政策的重心和导向在不同经济社会背景下随之调整。1993年，上海市开展城市低保试点工作，这标志着我国的城市最低生活保障制度开始建立。1999年9月28日，国务院正式颁布了《城市居民最低生活保障条例》，标志着城市低保走向了制度化，这也是城市扶贫"从道义性向制度性"转变的重要标志（洪大用，2005）。此后，城市低保制度不断完善，覆盖面不断扩大，努力实现应保尽保，保障水平和救助范围都进一步提高和扩大。2001年国务院办公厅进一步下发《关于进一步

---

① 《城镇登记失业人数》，http://db.cei.gov.cn/page/Default.aspx，最后访问日期：2015年12月20日。
② 《中国劳动力市场技能缺口研究报告》，https://wk.askci.com/details/37799a4a7a234488a9c3699764d464eb/，最后访问日期：2019年7月12日。

加强城市居民最低生活保障工作的通知》，提出了应保尽保的要求。但同时，这其中还存在一些问题，如资金分担、人情保、管理不规范等。之后，"分类施保"和"分类救助"理念被提出，对于不同类别和不同状况的城市贫困者开始采取不同的救助标准和救助措施。除基本生活保障困难外的其他特殊困难也被纳入救助体系，我国出台了针对住房、医疗、教育、就业的一系列专项救助政策。但是，城市低保救助政策一直停留在条例和办法的层面，在实施和管理过程中的整体规范性方面存在问题。2008年，国务院法制办公室发布《中华人民共和国社会救助法（草案征求意见稿）》，中国社会救助开始迈向法制化，但几经修改讨论，最终未获通过。2014年2月，国务院颁布《社会救助暂行办法》，以行政法规的形式明确了我国社会救助体系的主要内容，即最低生活保障、特困人员供养、受灾人员救助、医疗救助、教育救助、住房救助、就业救助、临时救助八项救助措施，社会救助实现从单一救助向综合性救助转型，多样化、组合化、专业化、个性化的"大救助"体系得以建立。

近年来，我国社会救助制度不断优化，构建分层分类梯度救助格局的步伐不断加快，为困难群众提供类别化、差异化救助，形成以基本生活救助重点保障低保、特困人员等收入偏低、经济状况困难的家庭，以及医疗、住房、教育、就业等专项救助政策逐步覆盖包括低保、特困等在内的经济困难及低收入家庭和支出型贫困家庭为主要服务对象的社会救助安全网。

一方面，我国依托最低生活保障制度为收入型贫困家庭提供保障，2018年，城市最低生活保障的平均标准为580元/人·月。[①] 从2011年的287.6元/人·月[②]到2018年的580元/人·月，这期间

---

① 《2018年4季度各省社会服务统计数据》，http://www.mca.gov.cn/article/sj/tjjb/sjsj/2018/20181201301220.html，最后访问日期：2019年7月12日。
② 《2011年社会服务发展统计公报》，http://www.mca.gov.cn/article/sj/tjgb/201210/201210153625989.shtml，最后访问日期：2019年7月12日。

全国城市低保平均标准年均增幅达到10.5%，实现了对社会救助标准的动态调整，有效保障了贫困群体的基本生活。同时，我国坚持分类施保，对低保家庭中的老人、未成年人、重度残疾人、重病患者等特殊困难群体，采取多种措施提高救助水平。纵观中国低保制度建立发展的20多年，从各类文本的表述中可以看出低保制度的基本特性和主要发展趋势。第一，享受低保救助是每个公民的基本生活权利，当公民生活陷入贫困时，有权利接受国家的低保救助。第二，从救助方式和救助层次看，低保是以家计调查为前提的一种选择性救助，具有"抵扣效应"，① 对贫困的界定和贫困线、低保救助线的确定是救助的基础。低保制度是最后的社会安全网，是在其他制度实施后给予生活仍困难的居民的最后保障，是一种补缺型福利制度。而对于低保群体实施分类救助、分类施保，即针对不同的家庭类型和困难程度，在救助水平上存在差异。与此同时，单一救助向综合救助转型，针对致贫原因的差异，在低保救助的同时，辅以专项救助。第三，从管理方式看，实行动态管理，有进有出，有增有减。第四，要求低保受助者在享受权利的同时履行一定的责任，如义务劳动。第五，实行地方政府负责制。

另一方面，我国专项救助不断完善，并将贫困救助范围向低收入家庭、支出型贫困家庭扩展。在教育救助方面，我国已形成了覆盖学前教育到研究生教育的家庭经济困难学生资助体系。在医疗救助方面，先后出台了《国务院办公厅转发民政部等部门关于进一步完善医疗救助制度全面开展重特大疾病医疗救助工作意见的通知》（国办发〔2015〕30号）和《关于进一步加强医疗救助与城乡居民大病保险有效衔接的通知》（民发〔2017〕12号），国家通过实施基本医疗保险、大病保险和医疗救助制度，不断提

---

① 我国的低保救助采用差额救助形式，家庭人均月低保金 = 低保标准 -（家庭月收入总额/家庭人口数），因此家庭其他收入的增加意味着低保收入的减少，即"抵扣效应"。

升制度可及性和救助靶向性，梯度减轻贫困家庭的医疗费用负担。北京、上海、浙江等地针对因病支出型贫困家庭救助制度的改革探索取得了一定成效。在就业救助方面，我国积极推动社会救助和就业援助有效衔接，通过一系列举措加强对零就业家庭的就业援助，确保零就业家庭动态清零，并出台了一系列措施帮助低保人员实现就业。《中华人民共和国就业促进法》中，专设了"就业援助"一章，这为就业援助制度提供了法律依据。我国相关制度明确了对低保人员的就业扶持与帮助，包括针对企业和个人的社会保险补贴、公益岗位供给，以及相应的就业信息咨询、发布、职业指导、职业介绍等服务。同时，我国出台的相关政策注重有劳动能力的低保人员的人力资本提升，例如，根据求职意向和市场需求，组织并推荐其参加职业技能培训，并落实职业培训补贴、职业技能鉴定补贴政策；对农村和城市低保家庭中未继续升学的应届初高中毕业生，只要其参加劳动预备制培训的，就可以获得一定的生活费补贴。《国务院关于推行终身职业技能培训制度的意见》（国发〔2018〕11号）中将城乡各类劳动者全部纳入职业培训政策体系，以提升其就业能力。同时，值得关注的是，在制度设置上，我国在给予贫困者就业支持的同时，也将就业约束考虑进来，防止福利依赖现象的出现。《社会救助暂行办法》中明确规定，最低生活保障家庭中有劳动能力但未就业的成员，应当接受人力资源社会保障等有关部门介绍的工作；无正当理由，连续3次拒绝接受介绍的与其健康状况、劳动能力等相适应的工作的，县级人民政府民政部门应当决定减发或者停发其本人的最低生活保障金。[1] 我国在对就业约束的同时也兼顾在就业过程中可能出现的困难和反复，制定了就业渐退政策和扣减就业成本措施，《国务院关于印发"十三五"促进就业规划的通知》（国发〔2017〕10号）

---

[1] 《社会救助暂行办法》，中华人民共和国民政部官网，http://www.mca.gov.cn/article/gk/fg/shjz/201507/20150715848487.shtml，最后访问日期：2019年7月6日。

非典型福利依赖：城市贫困者的就业选择与行动逻辑

提出要通过逐步扣减低保金的渐退机制，为低保对象提供一个平稳的心理适应期和保障过渡期，增强其就业意愿。在《国务院关于进一步加强和改进最低生活保障工作的意见》（国发〔2012〕45号）、《国务院办公厅转发民政部等部门关于做好农村最低生活制度与扶贫开发政策有效衔接指导意见的通知》（国办发〔2016〕70号）、《民政部 财政部 国务院协贫办关于在脱贫攻坚三年行动中切实做好社会救助兜底保障工作的实施意见》（民发〔2018〕90号）中都提到对实现就业的低保对象，在核算其家庭收入时，扣减必要的就业成本，以鼓励低保对象就业。在其他专项救助中，针对特定困难群体同样设置了专门救助内容和救助形式，以解决其可能遭遇的风险。

中国的社会救助制度取得了显著的成效，但是我们应该看到仍然存在不少问题。而低退出率和长期贫困是其中显著的问题，"低保制度正在制造一个长期的低收入群体"（洪大用，2005）。前文已经指出，从1999年起，我国在全国范围内全面建立了城市最低生活保障制度。表1-1显示了1998~2018年城市最低生活保障救助人数及其年增长率。1999~2002年，中国城市低保救助人数经历了一个高速增长期。从2010年开始，救助人数出现缓慢下降，并且在2014年后，降幅不断增大。但从救助人数上来看，仍维持在较高水平。这在一定程度上表明，低保救助人群具有很强的稳定性，动态调整弹性很小。来自"中国城市低保制度绩效评估"课题组2008年对六城低保对象的调查结果也显示，近一半的受访对象从2000年开始领取低保，而至少四成从未间断过低保的领取；如果把领取2年以上者定义为长期贫困者，那么，长期贫困者比例维持在一个非常的高水平（黄晨熹，2009）。国家的低保救助很可能在保障贫困人口基本生活的同时，维持着一个贫困阶层。他们虽然能够解决基本的生存问题，但是其他需求难以得到满足。稳定的贫困阶层的存在给社会发展造成了很大困扰。

表 1-1　1998~2018 年城市最低生活保障制度救助情况

单位：万人，%

	1998 年	1999 年	2000 年	2001 年	2002 年	2003 年	2004 年
保障人数	184.1	265.9	402.6	1170.7	2064.7	2246.8	2205
年增长率		44.43	51.41	190.78	76.36	8.82	-1.86
	2005 年	2006 年	2007 年	2008 年	2009 年	2010 年	2011 年
保障人数	2234.2	2240.1	2272.1	2334.8	2345.6	2310.5	2276.8
年增长率	1.32	0.26	1.43	2.76	0.46	-1.5	-1.46
	2012 年	2013 年	2014 年	2015 年	2016 年	2017 年	2018 年
保障人数	2143.5	2064.2	1877	1701.1	1480.2	1261	1008
年增长率	-5.85	-3.7	-9.07	-9.37	-12.99	-14.81	-20.14

数据来源：中华人民共和国民政部历年《社会服务发展统计公报》统计数据。

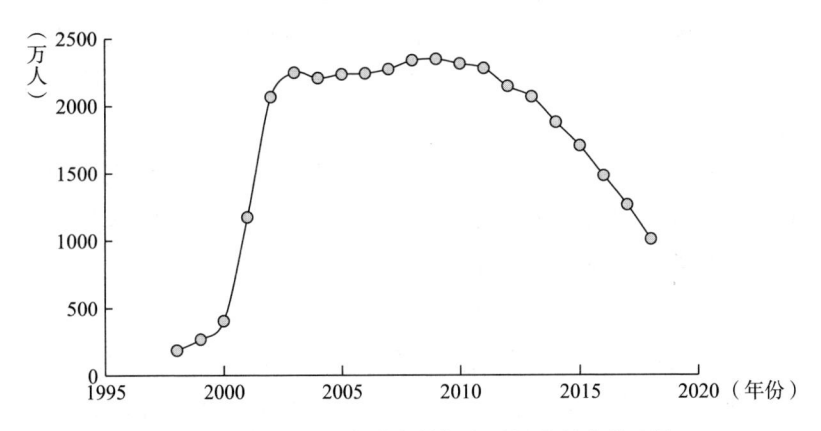

图 1-1　1995~2020 年城市最低生活保障制度救助情况

数据来源：中华人民共和国民政部历年《社会服务发展统计公报》统计数据。

考察救助人口结构发现，[①] 救助人口中女性为 6356640 人，男性为 8442144 人，男女比例为 1.33∶1；残疾人为 1518679 人，老

---

① 由于统计口径发生变化，从 2017 年开始，各省份最低生活保障数据未再公布分人群数据，本部分采用 2016 年 4 季度数据。

年人为2544709人，未成年人2782066人；成年人9472009人，其中，在业人员3244661人（在职人员为228353人，灵活就业人员为3016308人），失业人员6227348人（登记失业人员为2538605人，未登记失业人员为3688743人）；在校生为1867782人，其他类型受助人员为914284人。在业人数和失业人数比为0.52∶1，而失业受助者占总救助人口的42.08%，排除老年人口和在校生，失业受助者占总救助人口的半数以上（59.95%）。[1] 基于合理推测，处于法定年龄有劳动能力的失业、无业者仍是城市低保救助的主要对象。

另外，在接受救助的在业者群体中，尚存在较大比例的灵活就业者。对上述数据的测算显示，20.38%的城市贫困者（排除老年人口和在校生）处于灵活就业状态。[2] 经验研究表明，接受低保救助的灵活就业者大多从事的是间歇性工作（打零工），这是一种被称为"旋转门"的就业方式，这种就业状态的一大特点是不稳定，且收入低。他们同样是"城市贫困群体"的重要组成部分。

这些现象促使笔者开始思考以下问题。首先，为什么存在如此大规模的劳动年龄段人口处于贫困状态？他们尚处于劳动年龄，又具有劳动能力，为什么仍不能有效就业、稳定就业或高质量就业呢？其次，前文已经指出，低保是最后的安全网，是在其他制度实施后城市贫困者生活仍不能得到保障的托底政策。有研究者指出，"社会救助生涯是社会经济背景、个人特征、福利系统和救助制度安排相互作用的结果"（黄晨熹，2009）。那么，陷入依靠低保救助的境地是否表明其他的制度（如就业制度、家庭制度，以及其他国家制度）难以提供足够的福利，使受助群体免受贫困？长期的贫困是否说明了其他制度的"失

---

[1] 《2016年4季度各省社会服务统计数据》，http：//www.mca.gov.cn/article/sj/tjjb/sjsj/201702/201702231108.html，最后访问日期：2019年7月12日。

[2] 《2016年4季度各省社会服务统计数据》，http：//www.mca.gov.cn/article/sj/tjjb/sjsj/201702/201702231108.html，最后访问日期：2019年7月12日。

灵",其他制度也无力使受助群体摆脱贫困境地?基于此,本书围绕这一主题,从国家、家庭与市场互动角度入手,探讨处于劳动年龄的城市贫困者的就业问题。

第二节 研究综述

一 贫困的归因理论研究

对贫困的不同归因是社会政策制定以及反贫困责任分配的基础,也是判断就业责任的前提。对于贫困的解释主要有两大理论取向,即个人责任论和社会责任论。个人责任论强调贫困的产生是个人能力、素质不足的结果,因此,个人应该对贫困承担主要责任。而社会责任论则认为贫困是由于社会变迁导致原有用于满足个人基本生活需要的生存方式遭到破坏,而没有能力进行调整引起的。从农业社会向工业社会转型引起的一系列生产方式、家庭结构以及组织形式的变化,改变了传统的家庭保障模式,家庭承担风险的能力大大降低,一旦收入中断,生活就会陷入贫困。致贫原因的社会化要求国家承担社会救助责任。根据不同的理论立场和研究重点,社会责任论可以分为不同的理论流派,如马克思的阶级分析理论、费边社会主义理论、新自由主义理论、历史学派的贫困理论、剥夺或社会排斥理论、功能主义理论等均对贫困的产生和贫困的本质问题进行了论述。这些不同的理论流派主要是基资源再分配视角和社会排斥/整合视角进行论述的。因此,本研究将基于个人责任、资源再分配、社会排斥三大视角对贫困归因理论进行综述。

(一)个人责任论

该理论视角倾向于贫困的个人归因,认为个人能力素质不足是陷入贫困的根本原因,强调个人禀赋、经济能量和心理因素导致了个体在获取收入能力上的差异。自由市场供求机制强调机会的均等性，每个人获取就业和收入的机会是均等的，但由于素质的差异，如懒惰、道德低下、身体有缺陷等，个人无法把握机会，而陷入贫困。首位系统阐释贫困个人责任思想的学者是马尔萨斯。他在著作《人口原理》中提出了著名的"人口剩余致贫论"，该理论指出食物的线性增长与人口的几何级增长不可避免地会导致人口过剩，这必然导致贫困、恶习等的出现。基于此，他宣扬贫民的产生源于自身，济贫的手段同样来自自身。但是，马尔萨斯提出的通过抑制人口增长来抑制贫困（试图通过"消灭贫困者来消灭贫困"）的反贫困理论，遭到众多学者的批判，认为这是"现存最冷酷无情、最野蛮的理论"。

贫困文化理论是个人归因的扩展。其指出贫困群体具有固有的自我价值观，并在群体中不断强化，形成一种传统或习惯，他们往往目光短浅，缺乏创新精神和远见卓识，难以从社会文化背景中把握自身困境。穷人与其他社会成员在价值观、行为模式上不同，形成了贫困的次文化，并在贫困群体中不断强化这种文化，要求穷人自身适应现实的贫困条件，从而造成贫困的持续和循环，陷入"贫困陷阱"。《贫穷的本质：我们为什么摆脱不了贫穷》一书中指出"穷人会更加怀疑那些想象中的机遇，怀疑其生活产生任何根本变化的可能性"；"他们往往拒绝我们（救助者）为其想出的完美计划，因为他们不相信这些计划会有效果"，"他们的行为往往反映出这样的一种想法，即任何值得做出的改变都要花很长时间"（班纳吉、迪弗洛，2013）。穷人的贫困状况导致了穷人在做出决定时的犹豫不决和缺乏冒险精神，而这种心理过程的强化，转化为特定的甘于现状、不采取行动的行为模式，导致其陷入贫困陷阱，"甘于贫困"。

受个人责任论的影响，西方工业化早期，欧洲社会更加倾向于采取强制就业的政策。例如，1601年英国颁布的《伊丽莎白济贫法》将被救济的贫民分为三类，他们为有劳动能力者提供劳动场所，如果其拒绝提供的工作，将会受到惩罚；到20世纪30年代，罗斯福新政提出"以工代赈"的方式为有劳动能力者提供就业机会。在《贝弗里奇报告》中，同样倡导以劳动为受助条件；自20世纪80年代以来，"工作福利"成为欧美国家激发受助者就业主动性，防止福利依赖的重要政策导向。这一系列政策均强调了在贫困中的个人责任，基于此，个人努力和改变穷人的行为方式成为政策的出发点。

（二）资源再分配论

资源再分配论认为贫困与社会结构性因素有关，是社会资源分配与再分配的结果。这种观点认为贫困具有社会性，是社会和制度建构的产物。"在构建生产和资源再分配的过程中，社会和经济力量发生变动，贫困正是这些社会力量中不可接受的结果。"（刘春怡，2011）

马克思的阶级分析理论对工业革命后资本主义社会中的贫困问题进行了深刻剖析，从制度层面阐述了贫困产生的原因，指出资本主义制度和资本积累是无产阶级贫困产生的根源，只有通过暴力革命"剥夺剥夺者"，才能铲除贫困。而其他学者同样开始了在社会制度层面对贫困问题的审视。费边社会主义理论认为贫困不只是个人的事，更是社会的责任，政府有责任和义务对社会资源和财富进行再分配，来保障每个人的权益，这是福利理论的重要来源和开端。而新自由主义理论认为，经济结构问题是贫困产生的根源，穷人和富人并没有共享经济发展的好处，因此，需要通过政府的资源再分配来弥补穷人的损失。德国的历史学派对于德国福利国家制度的建构起了重要作用，他们提出国家应该具有文化和福利的作用，需要通过财政转移实现财富的再分配，从而实现社会福利的最大化。福利经济学指出社会整体福利的增进，一方面来源于国民收入的增长，另一方面则来自国民收入的再分配。前者的关键在于生产要素特别是劳动力要素的合理配置，而改善劳动力福利有利于提高国民收入；后者则需要通过税收实现财富从富人向穷人的转移，其中社会保险、公共福利是最主要的途径。资源再分配理论成为西方福利国家的重要理论依据。

与个人责任论相对,资源再分配论强调国家和政府对于贫困的责任,是一种社会归因。其认为由于社会结构和制度中存在的不平等要素,导致一部分人无法共享社会发展的成果,如哈林顿认为,应将贫困者看作社会不公平的牺牲品,由于超出个人控制的外在力量而陷入"另一个美国"的泥潭中;"福利应被看作对承担不同经济和技术发展所带来的社会成本的补偿"(转引自迪肯,2011)。从这个角度,贫困问题的解决同样需要从社会出发寻找出路,而资源的再分配则是解决贫困的有效途径。

(三) 社会排斥论

自20世纪以来,特别是五六十年代以后,学界对贫困的研究逐渐由物质匮乏扩展到文化、心理层面,由资源不足扩展到权利的缺失。萨拉森指出,从贫穷的概念向社会排斥的概念转换,是一个历史性的变化,这实际上是一个"从静态到动态,从注重分配到注重社会权利的转变过程"(转引自彭华民,2007),社会排斥论是贫困研究的深化,超越了社会资源的匮乏(传统贫困),扩展到社会生活的方方面面,从多个维度共同界定贫困(新贫困),强调收入、能力、权利、资源以及参与等多方面的不足。英国学者汤森在1979年最早使用"社会剥夺"概念来研究贫困,指出社会剥夺意味着不能享有作为一个社会成员应该享有的生活条件,这就是贫困。阿马蒂亚·森(2003;2004)则基于能力视角解读剥夺,认为剥夺是"可行能力不足的结果"。

社会剥夺理论进一步发展成为社会排斥理论。法国学者Lenoir最早明确提出了"社会排斥"一词(转引自彭华民,2007)。起初被用来描述长期失业被排斥在劳动力市场之外的现象,而后社会排斥的含义不断拓展,与社会参与、社会融合,以及社会权利相联系。吉登斯(2001)基于经济、政治、社会三个方面解释社会排斥,在经济方面,主要是劳动力市场上的就业排斥,购买消费品、满足基本生活方面的限制;在政治方面,主要表现为作为公民参与政治过程和公共事务的程度不足；在社会方面，主要表现在社区生活和社群生活方面的社会关系的断裂。高登等（2000）指出贫困社群除收入低外，在劳动力市场、社会服务和社会关系这三个方面同样面临社会排斥。

大多数学者认同将社会排斥作为研究新贫困问题起点的观点。基于此，反贫研究和扶贫政策制定的重点就放在了如何降低社会排斥以及如何加强社会融合上。从社会排斥视角出发，社会福利政策以及社会救助政策，在给予必要的物质和经济帮助的基础上，努力从多角度出发，通过提高能力和社会参与程度、重建社会关系、提供社会服务，以及重回劳动力市场等政策措施，来达到反贫的目标。

二　劳动力市场理论与就业理论综述

在对贫困的解释中，"就业问题"一直是绕不开的关键。特别是在劳动力贫困问题上，国家、市场与劳动者之间的关系成为研究的核心。本部分对相关的劳动力市场理论特别是与贫困相关的就业理论进行梳理。

（一）劳动力市场分割理论

劳动力市场是求职者实现就业的主要场域。对于贫困群体/社会救助群体所处劳动力市场的结构、特征的分析是研究的重心。而分析劳动力市场的运作机制以及贫困群体所处的劳动力市场特征，对研究贫困者就业来说具有重要意义。

对于劳动力市场的运作机制，已有的研究和各理论流派均承认是市场性因素、制度性因素和社会性因素共同作用的结果，但对于何种因素起主要作用存在分歧，这就形成了两个主要的理论流派：新古典主义学派和制度学派。前者基于完全竞争市场假设，认为市场机制决定了劳动力资源的配置。其中，人力资本理论是主要代表理论之一，它强调个人的人力资本对于职业获得和收入水平的决定作用（Becker，1964）。人力资本理论遵循新古典经济

非典型福利依赖：城市贫困者的就业选择与行动逻辑

学的主要假设，认为劳动者处于完全竞争的劳动力市场，拥有的人力资本越多表明生产能力越强，能够创造的收益和利益越多，基于此，劳动者能够获得更高的职位和收入。制度学派对新古典主义学派提出质疑，认为市场的力量受到制度和社会力量的制约，倾向基于制度、社会结构因素研究劳动报酬和就业，认为在不同的行业、产业、部门之间存在同工不同酬的现象，而这种差异无法用市场机制来解释，从而转向从制度性和社会性因素方面寻找答案，进而逐渐产生劳动力市场分割理论。

美国经济学家科尔最早提出劳动力市场分割理论，将劳动力市场划分为内部劳动力市场和外部劳动力市场（Kerr，1954）。多林格尔和皮奥雷（Doeringer and Piore，1971）提出双元结构劳动力市场模型，将劳动力市场分为一级市场和二级市场，描述了一级市场和二级市场的主要特征和区别，该模型指出一级市场具有工资收入高、就业稳定、职业声望与地位高的特点，劳动者主要从事技术和管理性岗位；二级市场则相反，劳动者的从业工资低、就业不稳定、职业声望和地位也较低，他们从事的多是体力和服务性岗位。两个市场的运作机制不同，相对来说，二级市场更倾向于一个竞争市场，遵循传统工资决定机制，而一级市场的运作机制则更加复杂，二者之间的流动有限。高技能的劳动者一旦在一级市场就业，在其失业后，就算保持失业状态，也不愿在二级市场就业；二级市场在厂商看来往往意味着生产效率低、能力不足，从而形成了特定雇佣偏好。另外，两个市场中，教育和培训的回报率存在差异，一级市场的回报率高于二级市场。Dickens 和 Lang（1985；1988）使用收入调查面板数据，对劳动力市场分割进行验证发现，确实存在两个独立的劳动力市场，而且存在阻碍劳动力从次级市场向主要市场流动的非经济壁垒。后来的研究者对二元劳动力市场理论进行了完善和拓展，尝试从更多维度和制度化过程来解释劳动力市场的分割，例如，基于职业的分割，基于父权制度、性别劳动分工产生的劳动力市场分割，由于工人组织化的发展和工会力量的壮大而对劳动力市场雇佣规则的影响，等等。而政府的干预，如福利制度、劳资制度、劳动合同制度，以及教育培训制度和政策，都对劳动力市场的分割产生了重大影响。

劳动力市场分割理论提供了关于贫困群体的就业、失业问题的分析框架，对不同收入群体之间的工资差异以及低收入阶层的就业困境、边缘群体的失业问题等提供了科学合理的解释路径。该理论认为劳动力市场分割的存在，将穷人限制在二级市场，这正是贫困的根源。"要想消除贫困必须使他们获得进入一级劳动力市场的途径。"（杨波，2008）而传统的人力资本理论所强调的教育和培训在消除贫困上均被证明是无效的，"学历在职业获得中只是一个'指示器'"，通过教育和培训来提高人力资本的政策，"并不能缓解收入分配不公平和消除贫困与失业的持续存在"。政府支持/提供的培训项目对贫困和失业人员，特别是弱势群体来说，并没有产生显著影响，这与工作创作和分配过程中的制度性缺陷有关（Bluestone et al.，1973；Gordonet et al.，1972）。

中国学者借鉴西方劳动力市场分割理论对处于转型期和转轨期的中国劳动力市场分割进行了研究（蔡昉，2004；李建民，2002；程贯平、马斌，2003；陈广汉、曾奕、李军，2006；郭丛斌，2004；郝大海、李路路，2006；赖德胜，1996，2001a；李实，1997；武中哲，2007；杨波，2008；徐林清，2006；张展新，2004；聂盛，2004）。

基于劳动力市场分割，研究者讨论了中国的就业、失业与贫困问题。徐林清（2004）对一级市场和二级市场的失业状况进行了分析，指出了两种不同的情况。首先，由于就业行为的信号示意功能，如果一级市场失业者愿意接受二级市场工作，那么，其可以在二级市场相对轻松找到工作，但实际上，即使其失业也不愿在二级市场就业，这就造成了一级市场的自愿失业。其次，在二级市场，失业情况比一级市场更严重，且以大量的就业不充分形式存在。一方面，最低工资制度在保护求职者的同时，导致雇主采取替代手段减少雇佣人数；另一方面，失业对失业本身具有强化作用，失业特别是长期失业导致边学边干机会的丧失，进而导致人的技能和素质下降，影响了其就业竞争力，这样就业的可能性进一步降低，即人力资本的折损，这形成了无效的劳动力供给。在下岗职工再就业过程中，存在"人力资本失灵"现象，下岗职工以往的教育、职称、健康等对于提高再就业收入不再发挥作用（李培林、张翼，2003）。田永坡（2010）指出"高进入成本使得一、二级劳动力市场的差异得以维持，进入障碍越大，差异存在的可能性就越大"，"劳动力市场分割越严重，（一级市场和二级市场）转换成本越高，则流动的可能性就越小"。

还有学者从劳动力市场分割角度出发，探讨弱势群体的就业模式，指出了穷人的非正规就业特性。从劳动力市场分割角度出发，非正规就业与二级市场相联系，正规就业与一级市场相联系。有学者指出非正规就业往往与贫困和生存型经济相联系，是城市贫困的一个典型特征。在城市中，贫困群体为了维持生计而将非正式就业作为一种有效的就业模式。Hart（1973）指出非正式就业劳动力主要包括城市非熟练工人、失业的弱势群体和转移的农村劳动力，主要就职于非正式部门，面对的是边缘劳动力市场。Porte（1994）指出不管是从工资福利、工作环境还是从进入壁垒来看，非正规就业者都处于市场就业的底层。Borgatta 和 Montgomery（2000）指出非正规就业行为在弱势群体中更为普遍。Fields（1975）指出那些无法在正规就业市场就业，又没有能力支付失业成本的劳动力进入了非正规就业市场。非正规就业是失业和正规部门就业之间的缓冲器。非正规就业劳动力的典型特征是年龄小、技能缺乏、受教育程度低。其中又以女性劳动力为主。国内学者对于非正规就业的界定也以强调其弱势群体构成特性为主，如高聪静（1998）强调了面向下岗再就业人员的非正规就业；冷熙亮和丁金宏（2000）则首次将农民工群体纳入非正规就业队伍；谭琳和李军锋（2003）指出大多数非正规就业者是无法进入正规部门或被正规部门淘汰而被迫进入非正规部门的。此后，国内学者对于非正规就业的界定基本涵盖了城市的下岗再就业人员和农民工群体。在性质上，研究者强调了其生计经济的特性，以面向弱势群体为主，是减少城市贫困、实现社会公平的有效途径。有学者指出非正规就业"与城市贫困、拥挤一同增长"，"比单纯的对弱势群体的社会救助和社会救济效果好得多"（乔观民，2005）。

（二）积极劳动力市场政策理论

积极劳动力市场政策理论认为，与消极福利政策采用提供社会救济和失业津贴救济等办法暂时将失业者"养起来"相比，政府为劳动者和弱势群体提供就业机会则更好；政府应该采取直接或间接的方式，为在就业市场中处于劣势的劳动者提供工作或提升就业能力的机会。其主要包括以下两个方面。

第一，政府是否应该干预市场就业，是否应该提供积极的劳动力市场政策。凯恩斯之前的传统资产主义经济学家以"萨伊定律"为基石，认为在完全竞争的条件下，不会存在失业。庇古（2018）认为不存在非自愿失业，只要工人愿意接受现行工资水平，就能就业。在完全竞争的条件下，只存在"自愿失业"和"摩擦性失业"，最低工资制度妨碍了劳动力价格的自由调整，从而导致失业情况的出现。他将失业的原因归结于工人阶级本身或生产过程的客观条件。

20世纪30年代，资本主义经济危机的爆发导致传统充分就业理论受到严重挑战。凯恩斯（1999）发现，在"自愿失业"和"摩擦性失业"之外，还存在"不自愿失业"，即由于有效需求不足，求职者即使愿意接受现有工资水平但仍找不到工作，他主张通过扩大有效需求来增加就业，主要有三种渠道：刺激消费、抑制储蓄倾向、鼓励投资，而主张实行通货膨胀则成为解决失业问题的主要手段。

凯恩斯的通胀与就业理论在西方"滞涨"时期受到货币学派、

理性预期学派的猛烈抨击。货币学派的代表人物弗里德曼认为不存在"非自愿失业",而是存在与"自然失业率"有关的失业,他指出在任何时候,就业市场均存在某种均衡的失业水平,这种均衡状态随经济环境和市场环境的变化而变化,其主张充分发挥市场调节机制,由市场自行解决失业问题。而理性预期学派否定了国家干预的作用,认为劳动力的供给和需求决定了自然就业率,这是由一国的技术水平、市场环境、资源数量等决定的,国家的就业政策,如最低工资法、失业救济金不利于激励就业。

后凯恩斯主义主张通过培训和教育提高人力资本,即培养适应雇主需要的劳动力来解决失业问题。其同时指出福利与社会救济可能导致求职者就业动机的弱化,主张修改福利措施。

第二,如何提供积极的劳动力市场政策。在20世纪70年代后,失业成为全球性问题,各国在对失业问题进行政策干预上基本达成了共识。积极劳动力市场政策成为国家政策的重要组成部分。重点由对积极劳动力市场政策的研究转向如何提供有效的积极劳动力市场政策。积极劳动力市场政策主要涉及两个方面:增加需求导向的针对雇佣者/企业的政策和提高供给能力导向的针对失业者/求职者的政策。前者以增加就业机会为目标,包括直接的干预措施,如创造工作岗位、提供面向长期失业者的公共就业机会等;也包括间接的干预措施,如给予雇用长期失业者的雇主补助金、免税、减税等。后者以提高失业者技能和人力资本为目标,通过培训、就业咨询、提供就业指导等方式提高求职者搜寻工作的能力,增强失业者的求职动机。

对于积极劳动力市场政策的效果,研究者之间存在争议。一方认为积极劳动力市场政策是有效的失业治理措施,并对不同政策效果进行了比较。例如,Michael 等(2006)通过实证研究发现,在积极劳动力市场政策中,培训政策和积极策略最有效,而货币形式的激励政策远比公共就业政策有效。Bellmann 和 Jackman(1997)指出直接的工资补贴和创造就业机会是最有效的。Boone

和 Ours（2006）则认为给予私人雇主补贴的政策比培训和创造就业机会更有效。另一方则认为积极劳动力市场政策在治理失业中的效果甚微，创造就业政策会对正常就业产生强劲的挤出效应（Calmfors and Skedinger, 1995），单靠积极劳动力市场政策不能解决高失业率问题。

三 救助与就业关系研究

（一）对于福利依赖的界定

学界对于福利依赖界定的观点存在较大差异，尚无定论。概括下来主要包括两类观点。

第一，客观依赖论。这种观点认为福利依赖反映的是一种客观状态，即福利申请者长期依靠福利救济生活，福利救济是其生活的主要来源。对于客观福利依赖界定存在两个要点，即长期和主要，不同学者各有侧重。"长期"是时间维度上的界定，有学者认为在固定期限内接受福利救济的时间超过一定限度即为福利依赖。例如，有研究将其界定为1年内接受救助的时间超过10个月（Bergmark and Bäckman, 2001; 2004; 2007）；还有研究把时间限度界定为领取救助超过2年；另有研究者认为超过5年则为福利依赖。由此可以看出，研究者对于"长期"的界定时间跨度非常大，按照不同标准，陷入福利依赖的总体规模差异相当大。"主要"是第二个争议较大的关键，即救助金占家庭收入的比重在多大范围内，可认定为福利依赖。有研究认为这一比例应在50%以上，例如，美国健康和人类服务部将"一个家庭一年总收入中超过50%的收入来自与工作收入无关的各类救助项目"（张浩淼，2014）界定为福利依赖。还有研究将时间维度与收入结构维度结合，认为固定期限内福利救济收入在总收入中达到一定比重（Gottschalk and Robert, 1994），即福利依赖。

第二，主观依赖论。这种观点强调"依赖"是一种心理状态，具有主观动机，认为福利侵蚀低收入者的就业意愿，导致其抛弃工作而依靠救助生活（Murray，1984；乔治，1985；Mead，1986），不愿就业是福利依赖的典型特征。主观依赖论对于如何衡量依赖心理缺乏细致且统一的标准，多从主观依赖的心理和外在行为特征进行描述，如消极懒惰（乔治，1985）、底层心态（转引自刘璐婵，2016a）、缺乏就业意愿（Mead，1986）等。

（二）对于福利依赖与就业关系的研究

1. 福利依赖是否存在

关于福利依赖是否存在的讨论体现在两个层面。一个是基于不同福利体制框架探讨福利理念的差异，并对理论层面的福利依赖概念是否成立进行讨论。另一个是在具体的福利体制框架下，讨论地区或国家实践层面是否存在福利依赖。

在理论层面，艾斯平将资本主义国家分成三种不同福利体制，即"自由主义"福利体制（盎格鲁-撒克逊福利体制）、"保守主义"福利体制（欧洲大陆的合作主义福利模式）、"社会民主主义"福利体制（斯堪的纳维亚福利模式）。不同福利体制受不同福利理念的支配，进而形成不同的福利制度。在艾斯平-安德森（2010）之后，关于福利模式出现了"四分法"、"五分法"甚至"无穷分法"，但几乎都是以艾斯平的"三分法"为基础的。三种体制争论的焦点集中在国家和市场的关系上，即面临阶级矛盾和社会冲突，是应该最大化市场自由还是强化国家干预。"社会民主主义"福利体制受利他主义支配，强调福利平等的最大化，主张通过扩大社会服务、保障充分就业，补偿市场和家庭无法满足的福利需求。在"社会民主主义"福利体制下，社会救助制度的目的在于维持社会整合，促进社会平等，保障每位公民的福利权利，其认为贫穷的责任不在于个人而在于国家，因此，福利依赖被看作一个伪命题。"自由主义"福利体制受利己主义支配，主张最大化市场自由和有限政府干预，认为公民的福利应该来自市场而非国家。因此在贫困问题上，接受救助本身不具有合理性，更可能被视为福利依赖。"保守主义"福利体制以社会保险为基础，福利资格以职业为条件，主张人们通过社会保险获得福利。对于无法享受社会保险的公民，通过救助给予帮助，但救助不是无条件的，强调国家对福利接受者的约束和限制，以及突出家庭在福利供给中的作用，对于福利依赖同样采取限制态度。

在实践层面，研究者普遍认同福利依赖具有消极影响的观点，认为它会"侵蚀人们自我支持的动力，还会培养甚至加重底层心态，从而孤立和污名化福利接受者"（Wilson，1988；韩克庆、郭瑜，2012）。但对于国家/地区福利依赖是否存在，研究者得出了不同的结论。

一种观点认为福利依赖存在，并指出政府发放的福利和救济只能保障人的基本生活，使其维持在贫困生活状态却不能满足他们的需求，同时福利的获得会减弱人们工作的动机，从而维持了一个贫困阶层。福利会对福利接受者及其所处的环境产生一系列的负面影响。韩克庆等（2012）对这些负面影响进行了归纳，并指出，包括福利领取时间过长、福利领取的代际传递、贫困陷阱（贫困的恶性循环）、福利欺诈等。这些问题的产生从根本上讲都是源于福利依赖及其对就业的负面影响。Ellwood（1988）指出，福利"只是针对贫困的症状而非起因，因此不可避免地造成激励和价值间的矛盾"。

另一种观点否定福利依赖的存在，认为"福利接受者仍遵循着主流的价值观和志向，并未形成一种独特的依赖文化"（Surender et al.，2010），特别是在中国目前低水平补差救助的情况下。张浩淼（2014）从五个方面论证了中国目前的低保制度产生福利依赖或"养懒汉"的条件是不充分的，原因为救助水平低、申领程序复杂、公示具有贴标签的负面效应、关于就业的要求不断提高、中国的福利文化强调家庭的作用，以及自力更生。莫荣（2005）指出了贫困无业者和失业者在享受最低生活保障和就业机会之间宁愿选择后者，生存的压力使他们再就业的积极性要高于其他群体。韩克庆和郭瑜（2012）认为目前中国的城市低保制度不存在

"福利依赖"效应，低保户仍有较强的求职意愿。

还有学者认为是否存在福利依赖，仍需要考察制度情境与现实条件，不能简单以救助是否减少劳动者的就业行为来判断。刘璐婵（2016）将城市低保制度中有劳动能力者长期受助的现象定义为"非典型福利依赖"，其认为与美国受助者的典型"福利依赖"行为比较，我国有劳动能力的城市低保受助者在受助初始动机、福利动态、工作逻辑上存在"非典型"性，受生命历程与社会救助支持的双重制约。中国受助者长期接受低保，是为了规避生存风险、保障基本生活的"无奈之举"（慈勤英、兰剑，2015）；社会救助对失业者再就业的影响是不确定的，实证研究数据并不能肯定低保制度的建构会产生福利依赖的现象（慈勤英，王卓琪，2006）。

2. 就业是否能够避免福利依赖

一方观点认为实现就业是摆脱贫困的根本路径。津贴福利不可能在不削弱就业激励、不威胁双亲家庭及不降低责任行为回报的同时，提供高于贫困线的收入。因此，对于一个身体健康的成年劳动力来说，唯一可摆脱贫困的途径就是就业。而"任何就业者都不可能贫困，因此也不需要救助……对于大部分符合工作年龄的人而言，脱贫最快的途径就是就业"（迪肯，2011）。

另一方观点认为就业并不必然导致福利依赖的消失。Harris（1991）研究发现，越是有福利依赖倾向的单身母亲，其参与劳动力市场并就业的可能性越大，因为工作收入低以致不能支撑其生活，需要救助收入来补充。就业对于受助者摆脱贫困、避免福利依赖的效果十分有限；贫困受助家庭的就业收入很多时候只能作为救助收入的补充（Pearce，1979）。Keizer认为总有一些贫困者，"尽管社会为其提供了诸多培训便利，但他们仍不具备生产能力使自己过上体面的生活，如果通过减少社会救助以加强激励，那么就等于弃这些人于贫困的境地而不顾"（凯泽，2004）。黄晨熹（2009）认为退保就业的决策不一定能够实现脱贫的目标，因为就业决策可能会导致家庭开支增加，丧失附带福利和低保金，还可能面临再次失业和生活困难的风险。张浩淼（2014）指出"就业能否避免福利依赖的关键是创造更多且足够的工作岗位，并支付较高的薪水"。

(三) 对就业激励政策与就业行为的研究

首先，对于就业激励政策是否能够促进再就业的研究。大多数学者认为再就业是解决失业群体贫困的根本措施（胡立杰，2008；洪大用，2004）。但关于再就业激励措施是否能够促进再就业，学者利用不同数据、不同研究背景得出的结论存在较大差异。对于就业激励政策考察最多的方面是再就业培训。有研究者认为再就业培训与再就业之间呈显著正相关。例如，慈勤英和王卓祺（2006）指出了失业者自身技能不足，文化水平较低，通过再就业培训能够增强失业者的主观意愿，并使其获得更多的就业机会；再就业福利的获取有助于失业者寻找工作实现再就业。苗兴状（2001）研究发现，下岗职工再就业培训与再就业相关程度较高。但也有研究者否定了二者之间的关系，例如，赵延东等（2000）对武汉下岗职工的研究发现，下岗职工下岗后的再就业培训对其再就业机会的获得影响不大，甚至没有影响。还有学者认为，对于这一问题的考察需要结合受助者所在的地区经济社会状况，例如，Benu等（2005）比较了沈阳市和武汉市的再就业培训政策实施效果发现，培训效果在沈阳市会被削弱，但在武汉市会增加受助者的就业机会。

其次，关于救助、就业激励与就业行为可行路径的分析。政策制定者采取了一系列措施来预防可能产生的福利依赖，以及消极效果的出现，并激励受助者实现再就业。欧美发达国家和不同的福利国家模式大多提出了工作导向型政策来预防可能产生的福利依赖，例如，英国新工党福利改革计划提出"积极责任"，为了促使人们从福利到工作，消除福利依赖的弊端，政府需要创造新的工作机会，同时赋予"接受这些机会合理的义务"。再例如，意大利的"社会公益性工作"计划、新西兰的"从福利到小康"的倡议、美国的"贫困家庭临时救助（TANF）"等。1996年美国实施《个人责任与工作机会法案》，该法案规定为公民提供限时现金资助，每个家庭能接受最长期限为5年的公共援助，要求大多数成年人在领取资助后2年内重返工作岗位。

张浩淼（2014）提出了平衡救助与就业的三种路径：救助渐退与收入豁免、积极开展就业等方面的服务救助、政府提供公益性岗位。王三秀（2010；2012）对欧美国家的就业福利政策进行了研究指出，这类政策主要包括利用新福利契约促进贫困人群对就业的持续参与；提高他们的持续就业能力；激活其持续就业潜力；规范灵活就业及增加就业机会等。他认为可持续就业政策是反贫困的重要举措。Harris（1991）认为强制缺乏人力资本的受助者进入次级劳动力市场不能减少福利依赖的发生，从长远来看，加强人力资本投资更有效。另外，还有学者指出应实现最低生活保障制度与其他社会救助的整合（洪大用，2004），特别是失业救助，还应完善社会保障制度，让失业贫困群体共享发展成果（胡立杰，2008；贺巧知，2003）。

有学者将各类不同的工作导向政策进行归纳，并将其称为"就业福利政策"，指出就业福利政策是一套"试图通过克服劳动力市场的供方缺陷，来降低失业、促进就业的管理体系"（肖萌、梁祖彬，2010）。"在重视互相责任和平衡权利与责任的原则下，受助者需要在行为上达到一定的要求才可以获得救助和服务。"（肖萌、梁祖彬，2010）宁亚芳（2013）通过对统计数据的分析，指出我国低保待遇100%的有效边际税率，既影响了受助者参加工作的积极性，又导致了隐瞒收入行为的出现；国际经验表明，强制性工作要求和基于负所得税理念的经济激励在福利国家被广泛应用于就业激励。肖萌和梁祖彬（2010）认为就业福利政策主要有三种形式：强制性快速就业、培训和财政激励。

强制性快速就业的福利政策认为，被救助者失业和贫困的原因在于福利依赖和弱就业动机，因此需要采取强制措施，对于有劳动能力的受助者，应该要求其必须接受推荐或提供的工作机会，若无正当理由，拒绝工作，将会受到惩罚，如取消救助资格等。目前，在中国低保实践中，一些地方政府就在尝试采用这种方式，促使有工作能力的受助者实现就业。如北京、深圳、兰州、昆明等地均规定对处于就业年龄，在规定时间（如半年内或一年内）经两次职业介绍，无正当理由拒绝就业的人员，暂不能享受低保待遇或取消低保待遇。

培训的福利政策认为，劳动者失业和致贫的原因在于其缺乏市场所需的劳动技能，因此，需要通过培训来提高劳动技能，使其重获工作。但不同的福利体系对于培训的目标和要求存在差异，区别在于是通过短期培训，获得基本技能，重回或进入次级劳动力市场；还是通过长期人力资本培训推动失业者重回或进入主流劳动市场。

财政激励的福利政策认为，不合理的福利体系导致福利依赖和福利陷阱的产生，应该引进就业激励和财政刺激措施，"改变救助金支付结构"，"使工作产生收益"，实现"有偿的工作"。其中负所得税制、工作补助金和收入豁免政策被广泛应用。聂佃忠和李庆梅（2009）对主要国家的负所得税（NIT）政策进行了分析，对各国负所得税政策的实践效果及其对劳动供给、收入，以及社会福利的影响进行了研究，并指出在中国 NIT 不失为一种较好处理低收入者积极性与提高低收入者生活水平关系，以及公平与效率关系的有效方式。

还有一些学者基于全球化视角，比较了在不同制度框架下，政策、干预手段对失业和就业的影响。福兰克（2004）基于 ISSA（国际社会保障协会）的"丧失劳动能力和重新就业（WIR）"项目对 OECD 的六个国家进行了长达四年的跨国比较的追踪调查，对享有疾病类福利和伤残类福利的人重新就业所采取的干预手段的应用和结果进行评估，考察了医疗干预、职业干预，以及其他非职业干预措施对丧失劳动能力的受助者重新就业的影响，为研究公共政策与救助、就业的关系提供了新思路。帕特丽夏等（2004）考察了就业能力，并指出在与失业和边缘化做斗争的过程中，就业能力成为反失业和边缘化的主要工具。尼尔等（2004）从如何激活失业者角度出发，考察了不同工作导向型政策国家实现"从福利到工作"改革的过程。

四 非正式支持网络与就业关系的研究

（一）家庭因素与贫困者就业

国外研究者在对工作福利导向政策的研究中，将家庭因素，特别是家庭结构作为重要的变量，探讨了不同的家庭类型、家庭结构对于受助者就业的影响。在政策制定中最经常被考虑到的家庭因素是家庭的抚养负担，例如，家庭是否有需要抚养的未成年孩子，是不是单亲家庭，以及家庭年龄构成，是否有青年阶段人口等。美国工作福利政策要求有6岁以下孩子的被救助者每周工作20小时，其他的被救助者工作30个小时。英国同样有类似的规定，例如，《1998年新体制的一般规定》中规定年龄在18~24岁，失业在6个月以上，单亲家庭最小孩子5岁以上的，加入新体制接受一定的就业培训才能获得贫困救助。新西兰对于领取福利者进行工作测试，其中最小孩子年龄在6~13岁的单身父母必须从事非全日制工作，而最小孩子年龄在14岁及以上的单身父母必须从事全日制工作。研究者对工作导向政策下家庭结构对就业的影响进行了研究。例如，Harris（1991）研究发现，越是有福利依赖倾向的单身母亲，其参与劳动力市场并就业的可能性越高。

目前，国内研究者在对受助者就业的研究中，往往将家庭因素作为背景和前提，他们认为家庭"失灵"是贫困家庭的重要特征。但关于家庭因素对就业有何种影响的研究较少。张浩淼（2014）基于福利文化视角强调了家庭在贫困救助中的作用，并指出中国传统文化强调家庭的支持以及亲属间的相互支持，这使得社会成员陷入贫困时会首先寻求亲属的帮助。这从文化上否定了

"福利依赖"的可能性。彭华民（2006）同样强调了家庭互助对于家庭摆脱困境的影响，肯定了亲属的援助对于缓解家庭困难的重要意义；但是在转型期的中国，家庭的功能逐步弱化，家庭的照顾问题凸显。

目前研究者和政策制定者在福利政策的研究和改革中将家庭结构因素作为重要变量加以考虑。一些研究者指出，在低保制度设计中应该考虑到家庭结构的影响，如家庭中是否有老人、在学儿童、残疾人等，其中分类施保是一项重要的措施。目前一些地区在分类施保上的实践体现了这种政策导向。在低保家庭就业问题上，同样考虑了家庭状况，进行了有益的探索。例如，2014年我国实施的《社会救助暂行办法》对家庭人口结构、就业结构进行了考虑，并指出零就业家庭需要保障至少一个有就业能力家庭人口的就业。但是目前对于这些措施的效果如何还未有相关研究。在政策支持的特殊家庭结构中，对其受助人口的就业状况及影响缺乏相应研究。

（二）社会资本与贫困就业

运用社会资本和社会网络理论解释就业问题是当前就业研究的一个重要方向。但对于贫困人口社会资本的研究，更多聚焦于社会资本对家庭福利、家庭抵御风险能力的影响，而对其在就业领域的研究较少。

在关于社会资本与贫困的研究中，主要有相互对立的两种观点。大多数研究者持肯定观点，认为社会资本有利于增加贫困家庭的福利，提高风险应对能力。丁冬等（2013）从社区、家庭入手，依据网络规模、公共参与、人际关系三个指标考察社会资本、农户家庭福利、农村贫困三者之间的关系发现，社会资本越丰富的家庭，越容易获得较高经济福利；丰富的社会资本在一定程度上能够帮助农户规避风险，降低其陷入贫困的概率。Narayan 和 Pritchett（1997）研究发现，家庭社会资本对家庭福利状况的影响超过了人力资本和物质资本对家庭福利的影响，高社会资本能够导致高福利，二者之间存在显著因果关系。有学者发现，社会资本网络对家庭福利的影响显著，那些拥有较高社会资本的家庭，享有较高的福利水平（Grootaert and Swamy, 2002; Grootaert and Narayan, 2004）。

但也有部分研究者基于贫困对象社会资本匮乏的现实指出，依靠社会网络/社会资本的支持来增加家庭福利存在很大的障碍。威尔逊的研究证明，穷人与社会上其他群体之间的隔离是造成贫困者处境恶化的原因（Wilson, 2012）。洪大用（2003）指出城市贫困者的社会资本是呈下降趋势的，造成这一状况的原因包括以下几个方面：城市家庭规模缩小，家庭关系日益简化导致亲属网络的社会支持作用弱化；城市邻里关系日益淡化；传统意义上的单位制的解体；城市贫困者具有自我疏离倾向；主流社会对城市贫困者缺乏全方位的关注；整个城市社会诚信水平的下降。郑志龙（2007）指出，"贫困群体因在社会结构中占有较少的社会资源而陷入关系贫困的境况"；如何增加贫困群体的社会资本存量是反贫困的关键，政府的反贫困治理需要由物质和人力资本范式向社会资本范式转变。胡杰成（2003）也认为，城市贫困者具有社会网络同质性高的特性。周文、李晓红（2008）指出，穷人的交往半径远远小于其他人，且同质性非常强，以亲人、族人、乡邻为主。要想摆脱贫困，需要提高贫困群体社会资本的异质性。更有学者通过实证分析验证了家庭社会资本占有量与经济福利之间不存在显著的相关性，并指出"没有证据表明社会资本是穷人的资本"（Gertler, Levine, and Moretti, 2006）。

五 研究述评

以上内容对国内外关于贫困、救助与就业的相关理论与实证研究的文献进行了回顾和梳理。研究表明对贫困责任及致贫原因的认定是反贫困政策制定的前提。在不同时期，政府基于不同社会经济条件，对贫困治理采取了不同的措施。对于失业治理，政府的劳动力市场政策和就业政策遵循了同样的治理逻辑。贫困群体就业过程中政府、市场,以及作为行动者的个体之间的关系体现了各方责任的界定。

通过对贫困和就业的相关理论的梳理,我们对于贫困群体就业的政府市场二元互动形成了清晰的逻辑思路。在贫困群体的就业过程中,市场机制、制度因素同时发挥作用。遵循劳动力市场分割理论,贫困群体就业主要发生在二级市场,且以非正规就业为主。同时,二级市场可以被看作一个竞争性市场,遵循市场的工资机制。而人力资本理论假设市场具有完全竞争性,劳动力在市场中的位置由其所具有的人力资本决定。虽然劳动力市场分割理论基于一、二级市场的隔离,以及人力资本在一、二级市场间的回报率不同,对人力资本提出质疑;但是在二级市场内部,基于人力资本理论假设,其仍具有一定解释力。因此,在二级市场中提高劳动力的人力资本是实现就业或提高就业质量的重要途径。而积极劳动力市场政策理论回答了政府在这个过程中,是积极干预还是消极救助的问题。在这个问题上,不同的理论流派有不同的观点。积极干预强调了政府在增加弱势群体就业机会中的作用,包括直接的干预措施,如提供就业岗位,扩大劳动力市场需求;也包括间接的干预措施,例如,通过培训和教育提高劳动力工作技能和求职竞争力,以及通过给予雇主雇佣补贴等方式增加雇佣过程向弱势群体的倾斜。消极救助则强调政府在贫困群体就业中的有限责任,坚持劳动力市场运行以市场机制为主。不论是采取以救助为主的消极政策还是采取以就业促进为主的积极政策,贫困者的行为会受到不同程度的影响。通过对福利、救助、就业,以及贫困之间关系相关研究的综述可以看出,研究者在这个问题上选择了不同的立场。在救助与就业激励之间、受助者与施助者之间、个体和市场与家庭之间均存在一种张力,主体之间的互动形成了特定的场域。

社会资本被纳入,从另一个视角切入了贫困问题的研究,将个体、市场与家庭间的互动扩展到个体、非正式组织（家庭/社会网络）、市场、政府之间的互动。尽管运用社会资本理论解释就业行为的研究很多，但是对于贫困群体就业中的社会资本的研究较少。目前，研究者对于这一问题的研究大多限定在贫困问题本身，探讨社会资本、社会救助，以及贫困之间的关系，对于穷人的社会资本在就业过程中的作用的研究则较少。这是当前研究的一个缺憾。家庭是个体最重要的活动场域，个体的行为模式与家庭所处的结构和环境有很大关系。而贫困家庭的结构（人口结构、就业结构等）往往具有特殊性，但是，目前的研究更多地将家庭结构作为脱贫和就业过程中"家庭失灵"的背景因素，缺乏进一步的探讨。对于家庭在脱贫中的作用的研究存在不足。

在对相关理论和实证研究进行回顾和梳理的基础上，本研究试图将贫困个体的就业行为纳入市场、政府、家庭三方互动进行探讨。

第三节 研究内容与章节安排

一 研究内容

本研究聚焦城市贫困者的就业问题，探讨城市贫困者的就业行动逻辑，尝试回答是什么在影响其就业选择。

需要指出的是，研究城市贫困者的就业问题，有劳动能力是就业的前提条件。因此，此处的城市贫困者限定在有劳动能力，并处于劳动年龄段的人口。英国1998年发布的《从福利到就业法案》就指出，即使传统上被认为无需工作的残疾人、长期患病者的就业潜力也不应该被否定；美国《福利改革与年金法案》也要求客观地评价疾病患者或残疾人是否还具有一定的工作能力。本研究认同这种观点，对于有劳动能力的限定采用了最宽泛的标准，即"能够自理"。传统上被认为无工作能力的残疾人、长期患病者，同样被包含在内。

行动者行为选择的背后都具有一定的动机。要理解城市贫困者就业行动的逻辑，要基于其所处的社会情境，来考察这一行为背后的动机。本研究站在脱贫的立场来讨论城市贫困者的就业问题，一个基本的前提假设是：对于处在劳动年龄段、有劳动能力的贫困者来说，就业是脱贫的最好出路，是脱贫的一个充分条件。基于福利视角，脱贫意味着福利总量的增长，促使贫困者就业的动机应该是个体总福利的增长。

福利主要由市场（就业）福利、国家福利和家庭福利构成，只有三者总量增加，贫困家庭才有可能走出贫困。因此，要研究就业问题，或者说就业福利的获得与增长，就要讨论三者之间的关系，研究家庭福利和国家福利在就业福利获取的过程中所起的作用。就业福利与家庭福利或国家福利之间的关系有三种，即促进、抑制或者维持。那么本研究的疑问可以转化为这样的两个问题。

第一，家庭福利会抑制就业福利的获得吗？

第二，国家福利会抑制就业福利的获得吗？

为了得到可靠的答案，本研究会从以下几个方面展开讨论。

（一）城市贫困者的就业选择以及就业福利状况

就业是获得就业福利的前提。首先，对城市贫困者的就业现状进行分析，即目前有无就业。在贫困处境下，就业还是不就业是城市贫困者主动或被动选择的结果，这里有主动选择和被动选择之分。在就业情形下，我们还需要进一步了解目前其从事的是一份什么样的工作，包括是否稳定、有无就业保护、工资收入如何等。而未就业情形是本研究关注的一个重点。为什么其没有去工作，是无意愿还是有意愿无机会抑或有意愿无能力？如果是无意愿，为什么在就业是脱贫最好的途径的情况下，城市贫困者放弃了这条路径？如果有意愿，那又是为什么不能就业呢？原因在于哪里，是个人的、家庭的、市场的抑或是国家的责任？多主体责任如何区分？如何确定边界？本研究把有无就业称为就业状况，把目前就业处境称为就业质量。在这个部分，本研究通过简单描述和初步分析，先尝试还原一个城市贫困者就业现状的图景。在这一部分，还将尝试对可能的影响因素，以及能够回答上述问题的可能的答案进行探索，为下面的进一步分析寻找思路。

（二）作为行动者的城市贫困者个体人力资本对就业的影响分析

城市贫困者在就业过程中是一个能动的行动者，自身具有的人力资本，影响着其就业。人力资本主要由教育人力资本和健康人力资本构成。教育人力资本理论认为受教育程度越高，往往掌握的人力资本越好，在就业中越可能拥有优势；拥有健康的身体是工作的前提，健康人力资本同样影响就业。那么，城市贫困者的人力资本呈现怎样的状况，又是如何影响就业的呢？本研究主要考察城市贫困者个人的教育人力资本和健康人力资本对其就业的影响。

（三）家庭福利对城市贫困者就业福利获得（就业选择）的影响

本研究将家庭福利先定位于家庭内部福利和基于家庭的社会关系网络获得的家庭社会资本福利。长期以来，家庭是提供社会、经济和情感支持的主要社会制度，它作为社会福利的一种手段，构成了基于血缘和互助关系的援助网络，为家庭成员提供非正式的支持，包括照料、抚育、经济支持等。"建立亲属关系通常是保护我们的事业、提供市场机会，甚至低于国家强求的方式。"（Murray，1994）当遭遇困境时，家庭成员向家庭内部寻求帮助是首要的求助方式。但是，大量研究表明贫困家庭存在严重内卷化，家庭主要劳动力不仅难以通过家庭内部获得更高的就业福利，反而可能面临照料负担或其他负担而需要一定程度上减少或放弃就业福利，这会导致家庭内部负福利（家庭主要劳动力往往也是家庭照料的主要提供者，在照料与就业无法兼顾的情况下，不得不二选一）。同时，相关的研究认为"穷人"的社会资本具有高度同质性，在依靠强关系找工作的过程中其作用有限，会出现家庭社会资本福利不足的现象。内部负福利意味着家庭内部的行动者是福利提供，特别是照料福利提供的主体，这制约其外出就业，影响就业福利的获得；外部零福利意味着通过家庭社会资本获取就业机会的渠道不畅，出现"家庭社会资本失灵"的状况。那么，家庭福利的真实情况到底如何？它又会对就业福利的获得产生什么影响呢？本研究将对家庭的内部福利、外部非正式支持展开分析，描述家庭福利的供给状况、类型，以及供给能力。在此基础上，本书致力分析城市贫困家庭的家庭福利对其成员（被调查者）的就业选择的影响，厘清其中的促进因素与制约因素。

（四）国家福利对城市贫困者就业福利获得（就业选择）的影响

国家福利主要体现为救助福利和就业支持。本研究未纳入社会保险福利，主要是考虑社会保险与就业之间的强关联性，往往是就业状况决定了保险状况与保险类型，有时，社会保险还表现为职业福利的一种，而非反之，社会保险影响就业。基于因果关系在时间上表现为先因后果，所以，本书对于国家福利影响的讨论，没有包括社会保险福利。具体来看，在我国的基本社会保险制度中，失业保险、工伤保险、生育保险均为针对职工的保险，是基于职工身份由用人单位或用人单位与个人共同缴纳的险种；社会养老保险分为城镇职工基本养老保险、城镇居民养老保险、农村养老保险，对于城镇劳动年龄段人口来说，不管是缴纳何种保险，在退休或60周岁前，并不能享受到养老保险福利；基本医疗保险体系由城镇职工医疗保险、新型农村合作医疗保险、城镇居民医疗保险构成，同样，基于户籍身份和就业身份的差异，享受到的医疗保险福利也存在差异，总体上医疗保险同样呈现由就业状况决定的特性。因此，社会保险福利未被纳入本研究的国家福利讨论范畴。

在救助福利方面，依照低保救助获得的条件和标准，从福利角度可以认为最低生活保障是通过差额补助的方式，保障受助家庭的总体福利维持在一个基准线水平，不至于使他们的生活难以为继。从动态过程来看，按照动态管理的原则，当家庭总体福利超过了基准线时，国家救助福利则会减少。理论上，贫困家庭的总体福利维持在一个相对稳定的水平（贫困线），三种福利之间，特别是国家救助福利与就业福利之间，从长期来看，存在此消彼长的关系，就业福利增长则意味着国家救助福利减少。相关研究指出，社会救助特别是最低生活保障制度在保障穷人最基本生存需要的同时，在一定程度上造就了一个稳定的长期贫困群体（洪大用，2005）。那么我们就面临着是要救助福利还是要就业支持的问题，即"就业"还是"救助"的问题。这在一定程度上可以被认为，救助福利在总体福利增长上是"失灵"的。

在这一部分，本书还试图回答救助与就业的关系，即福利依赖的问题。是不是救助时间越长，受助者就业的可能性越小呢？是不是救助金越多，受助者越倾向于不就业呢？在客观方面，救助时长和救助金占比是衡量福利依赖的重要标准。在主观方面，我们还要考察就业意愿，明确救助与就业意愿之间的关系。

在就业支持方面，就业支持被看作通过制度手段推进就业福利的方式。就业支持带来的福利具有间接性，体现在政策的效果，即对就业的促进上，一方面通过提供就业机会，推动就业；另一方面提供就业指导（如培训、咨询），通过提升行动者能力推动就业。在实现就业之前，就业支持对于福利增长的影响是难以被测量的。

（五）处于一定社会结构（家庭和国家的双重结构）的城市贫困者的就业行动逻辑

城市贫困者就业福利的获得是作为行动者的个体在家庭和国家的双重结构性约束下的行动结果，是结构与行动的统一。市场遵循竞争原则，它为行动者提供符合其自身人力资本状况的岗位，行动者获得工作机会是获得就业福利的前提。就业作为市场行为要符合市场需要劳动力的条件,并且其受到个体人力资本要素的制约。

同时,行动者不是纯粹受市场支配的理性人,就业行为也不是遵循人力资本优先原则的,而是一个复杂的社会行为,就业是嵌入社会结构中的行动,受社会结构诸要素的制约,最主要的是国家系统和家庭系统。国家系统和家庭系统遵循不同原则,对行动者的就业行为产生不同影响。那么,在不同的作用力下,城市贫困者究竟如何做出就业选择,其做出选择的逻辑又是什么呢?

对于城市贫困者就业问题的回答,应进一步转化为对国家、市场、家庭,以及作为行动者自身的个体如何发挥作用问题的回答,这样有劳动能力者才能实现就业能力的提升,进而实现就业。

(六) 非典型福利依赖——遵循道德原则的家庭福利和遵循普惠原则的国家福利如何在城市贫困者就业问题上达到平衡

我国悠久的历史文化强调家庭责任,并认为在伦理层面上,家庭应承担首要责任。当面临照料、抚育、照护、支持等需要时,家庭应首先担负起责任;其次才是寻求外部的帮助。费孝通用差序格局描述了这种局面,认为这是中国传统社会的遗产,遵循的是道德原则。当人们寻找就业机会时,在差序格局下的社会关系网中,其首先倾向于求助强关系,而非正式支持网络下的弱关系。在就业与家庭出现冲突时,人们试图在二者之间寻求平衡,而家庭责任,如抚养、教育、照护等,排在优先位置,是就业无法替代的。个体为了家庭整体的维持和发展,会做出就业或不就业的选择。

与家庭福利供给遵循道德原则不同,国家福利供给具有普惠性,处在同样境遇的公民有同等的权利获得国家福利,特别是在贫困救助中,国家福利体现无差别对待原则。当公民遭遇困境无法应对时,国家给予帮扶,不考虑其地域、户籍,对其家庭结构、家庭关系也不做考量。在就业问题上,相关的就业支持、就业帮扶同样遵循普惠原则。满足相关条件的公民,通过主动申请或被动发现,可以被纳入国家就业帮扶体系。

那么,在家庭福利的道德原则和国家福利的普惠原则间,是否有优先次序呢？本研究将对遵循道德原则的家庭福利和遵循普惠原则的国家福利如何在城市贫困者就业问题上达到平衡进行更深一步的理论探讨，并试图回应本研究的主题——非典型福利依赖，同时，清晰阐释为什么部分城市贫困者会做出放弃就业的选择。

二 章节安排

在研究之初，本书对城市贫困和就业领域的相关理论与实证研究进行梳理，试图形成关于城市贫困者就业的清晰脉络。本书的第一章在阐述了选题背景后，对相关研究进行综述。我们通过文献综述发现，城市贫困者就业过程发生在一个市场、国家、家庭互动和角逐的场域，个体的行动受到三大主体的限制。基于此，从福利三角理论出发，笔者建构了本研究的理论分析框架。

第二章为研究框架与研究策略。笔者基于福利三角理论构建城市贫困者就业过程中的福利三角理论框架，通过相关概念的界定和操作化，将城市贫困者就业行动中的互动模型具体化，形成用于实证分析的可操作模型，为后文的实证分析奠定基础。本章还介绍了本研究使用的主要研究方法和研究策略，以及数据准备过程，为后续研究奠定数据和方法基础。

第三章对城市贫困者的就业基本状况进行了分析。考察总体就业状况，判断城市贫困者是否在就业过程中受到市场的排斥或歧视，并基于人口特征变量，分别对其中的就业者和未就业者进行描述，探索导致目前就业状况的可能性因素，为后文的分析提供思路。

第四章到第七章，将通过实证分析，来回答以下几个问题。

第一，城市贫困者作为行动者，其人力资本构成状况如何，又是如何影响最终的就业行为的。人力资本由健康资本、教育资本构成，它们对于城市贫困者的就业分别产生了什么影响，哪种人力资本的作用更加突出。

第二，家庭因素对城市贫困者就业会产生什么影响。家庭具有经济支持、生活照顾、情感慰藉的功能，特别是生活照料与就业关系紧密。那么，内部家庭功能发挥状况如何？是促进还是阻碍了就业的实现？同时，家庭处于差序格局的中心，由家庭向外扩展的形式和状态体现了家庭社会网络的深度和广度，即家庭社会资本的状况。以往的很多研究已经表明了社会资本在就业过程中的作用。那么，在受助者的就业过程中社会资本又发挥了怎样的作用呢？

第三，国家福利对于城市贫困者就业会有哪些影响。社会政策的调整是社会福利价值观选择的体现。每一次低保政策调整的背后，都可以看到福利责任结构模式的调整。这是对直接责任还是间接责任、主要责任还是剩余责任、个人责任还是国家责任的思考与衡量，也是对权利义务关系的调整。国家福利被分为消极福利和积极福利，对于城市贫困者，国家干预的最直接方式是社会救助，特别是低保救助，救助福利的目的在于维持，是消极福利的体现。国家的间接干预在就业层面体现为就业支持政策的实施，其目的在于提高受助者的就业竞争力，是一种积极福利。本部分将首先探讨低保救助（消极福利）是否会降低就业动机，导致部分城市贫困者做出不就业选择；其次，探讨就业促进政策（积极福利）对就业行为的影响。

第四，将市场、家庭和国家纳入统一框架，考察围绕着行动者的三者之间如何互动，体现个体就业行动的逻辑。哪些是推力，阻碍城市贫困者进入劳动力市场就业；哪些是拉力，促进其进入劳动力市场。本研究倾向于认为福利供给主体同时在发挥推力和拉力的作用，那么，最终形成了怎样的力量场域，决定了最后的结果？

在考察诸要素及其互动过程后，第八章回归到本研究的主题——非典型福利依赖，试图对城市贫困者就业行动的逻辑进行理论解释，并对研究中发现的一些重点问题进行反思和讨论，进一步完善国家、家庭、市场的福利三角理论框架在就业分析中的应用。

第二章 研究框架与研究策略

本章将福利三角理论应用于城市贫困者就业问题的讨论，以此为基础，构建城市贫困者就业过程中的福利三角理论框架，并通过相关概念的界定和操作化，将城市贫困者就业行动中的互动模型具体化，形成用于实证分析的可操作模型，为后文的实证分析奠定基础。最后，简要介绍本研究使用的主要研究方法和研究策略，以及数据准备过程，为后续研究奠定数据和方法基础。

第一节 城市贫困者就业中的福利三角理论框架

一 基本框架建构

福利三角理论认为福利供给主体具有多元性，国家、市场和家庭均是社会福利的供给主体。其中，市场提供就业福利，家庭提供非正式福利，国家提供正式福利。个体的社会福利首先来自市场和家庭，通过就业和家庭支持来获得，当市场福利供给不足，家庭福利供给遭遇风险时，国家福利的提供可以保障个体的总体福利。在福利的供给中存在国家、市场和家庭的互动，三者之间相互影响。

城市贫困者的福利获得同样遵循了福利三角的互动逻辑。同时由于就业福利、家庭福利的不足，国家福利的作用突出。特别是在社会救助和就业支持领域，均会向这一群体倾斜，从而使得城市贫困者的福利三角具有了一些独有的特性。

第二章　研究框架与研究策略

本研究的基本框架就建立在福利三角理论上,考虑到城市贫困群体的特殊性,构成框架的基本要素同样突出了社会救助的特性。

第一,就业福利的获得。对城市贫困者来说,获得就业福利面临的第一道门槛是能否就业。实现就业是获得就业福利的前提。已有的研究表明劳动力市场与贫困之间具有紧密的联系,很多贫困者被排斥在劳动力市场外,或者处于次级劳动力市场。那么,城市贫困者的就业状况如何呢?在以就业福利为出发点和落脚点的福利三角中,除作为行动主体的受助者自身外,其所处的社会结构与社会情境,同样需要关注。这就是家庭福利和国家福利的功能。

第二,家庭福利对就业的影响。家庭福利来源于家庭内部和家庭外部社交网络的支持。从家庭内部来看,贫困家庭往往伴随着疾病负担、养育负担等,家庭内部的互助有限,甚至是处于互相消耗的状态。在福利三角中,家庭提供的是团结和互助,但是贫困家庭却面临团结瓦解的风险。甚至由于家庭照料负担过重,而削弱了就业福利获取的能力,减少了就业福利获取的机会。家庭中的照料负担主要由家庭结构所决定,如儿童、劳动人口、老年人口的分布以及家庭患病情况,这决定了照料和抚育的基数,意味着照料需求的可能性,这是从数量上来看。而儿童、老年人口等的质量(如健康、教育状况),对于照料、养育负担的影响更大。家庭成员健康状况越差,或者说家庭医疗支出越多,意味着家庭照料需求越大,需求层次越高;家中在学者处于不同年龄阶段往往也意味着不同的需要。在社会资本与就业关系的研究中,比较一致的论断是社会资本有利于就业机会和就业信息的获得,从而影响就业结果和就业质量。但是,对于贫困家庭社会资本的研究往往认为贫困家庭的社会网络资源有限。贫困家庭的社会资本具有同质性的特点,且交往半径小,社会资本质量差。依靠强关系找工作是中国就业市场的典型特征之一,但是对于贫困家庭来说，强关系往往意味着资源的相似性和资源的低质性，强关系提供就业信息和就业机会的能力有限。这些导致了在城市贫困者的福利三角中家庭一角可能处于弱势地位。

第三，国家救助福利在社会福利供给上占据突出地位。国家救助福利具有补缺的性质，能够有效弥补市场和家庭在福利供给上的不足，保障基本的福利水平。但是诸多的讨论集中在国家福利供给是否具有负效应上，即国家福利供给在增加福利的同时，是否会弱化其他主体的福利供给能力，特别是对就业福利来说，是否存在福利依赖，导致受助者就业意愿不足，使其主动放弃就业福利获取机会。对于有劳动能力的贫困者来说，这一问题就变得尤为重要。基于救助福利的补缺性，可能会在一定程度上导致受助者在通过就业获取福利和通过救助获取福利之间做出选择，从而影响就业的实现。

同时，国家就业支持福利对于就业具有重要影响。就业支持福利是直接作用于劳动者就业领域的福利政策和福利供给。积极劳动力市场政策是刺激就业，获取就业福利的重要手段。积极的福利政策由直接的干预政策和间接的干预政策构成，其基于劳动力供给和需求双导向促进城市贫困者就业。积极的福利政策，一方面通过创造就业岗位、增加就业机会，扩大劳动力市场的需求；另一方面通过就业培训、就业咨询和就业信息提供来提升城市贫困者的就业资本，扩大劳动力供给。国家的就业支持政策也在这两方面同时努力。

基于此，城市贫困者的福利三角理论框架可以概括为：家庭福利和国家福利供给模式对于就业可能具有双向作用力，一方面可能促进就业的实现，另一方面可能制约就业行为。就业过程中福利三角理论框架的研究重点在于探讨家庭福利和国家福利在与就业福利的互动中是如何影响最终就业实现的。图2-1以直观的方式建构了城市贫困者在就业过程中的福利三角互动模型。

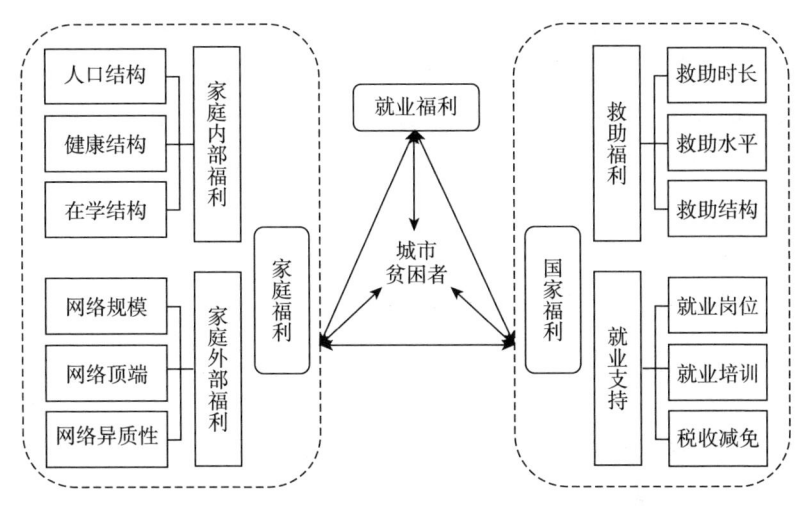

图 2-1 城市贫困者就业过程中的福利三角理论框架

二 基本研究假设

假设1：城市贫困者的家庭福利状况对就业有显著影响。

就业行为是求职者在一定的结构中发挥能动性的表现。作为社会关系的产物，人首先处于家庭结构中，面临家庭的支持与压力。一方面，家庭照料负担的增加会制约劳动者的就业选择，阻碍劳动者就业行为的实现，对就业福利的获得有反向作用；另一方面，以家庭为轴心形成的家庭社会资本，扩展了家庭获取信息和资源的渠道，对就业福利获得有促进作用。

假设2：城市贫困者的国家福利状况对就业有显著影响。

作为接受救济的群体，城市贫困者区别于一般群体的最典型的特征表现在国家福利的获得上，即除能够获得针对所有公民的普遍性国家福利外，还能够获得救助福利，并在就业福利的获得上具有一定的优先权。国家福利具有保障与激励的二重性。对于城市贫困者来说，保障性突出地体现在国家救助福利的获得上。但是国家救助福利的补缺性导致就业行动者在就业与救助之间进行权衡，从而可能做出放弃就业来获取更多救助的选择，进而导

41

致国家救助福利对就业福利获得产生阻碍作用；国家就业支持是就业领域的主要激励措施，对就业福利获得有推动作用。但是保障与激励在一定程度上是矛盾的，即对就业结果具有推和拉两种力量，导致促进与阻碍共存。

假设3：人力资本影响就业福利的获得。城市贫困者的人力资本含量越高，其实现就业的可能性越大。

就业市场对于劳动力的选择是以人力资本为标准的，具备符合劳动力市场需求的人力资本条件是能够实现就业的基础。在就业问题的研究中，人力资本一直被当作最重要的变量，是否具有足够的知识、技能、体力，是雇佣者判断求职者能否胜任工作的重要指标。

第二节 相关概念界定与变量操作

本研究回答的基本问题是，在城市贫困者就业的过程中，国家、家庭、市场以及作为行动者的个体之间如何互动，并对就业产生影响。为了建构具体的分析框架，有必要厘清研究中涉及的几个基本概念。

一 福利

"福利"在英文中对应的是"welfare"，是英文"well"和"fare"的复合，即"美好的生活"的意思。从字面意思看，福利强调的是一种状态。《韦氏大辞典》将福利注解为"一种健康、舒适和幸福的美好状态"。福利常常与需要、需求、幸福相联系，例如，柏拉图（1986）指出"福利就是一种总体性的幸福生活"；恩格尔指出"福利是需要满足的状态或程度"；罗伯特等（2013）也指出福利是个人福祉和需要的满足。《牛津高阶英汉双解词典》从状态和制度两个方面界定了福利，作为状态的福利强调的是个人或群体的健康、幸福和安全；作为制度的福利是指"政府给予个人所必需的经济援助"，以及"一个社会为达到一定的社会福利目标所承担的集体责任，即'制度化的政府责任'"（尚晓援，2001）。相对于以上抽象和主观感受式的界定，还有部分研究者将福利具体化，基于实现这种状态需要的条件来界定，如物品、服务、权利、机会等，这些条件的实现意味着福利的获得。

本研究从操作化的角度出发，更倾向于后者，并基于动态的过程视角，将福利界定为为实现美好的生活状态而提供的各种物质、服务、情感支持、机会等；同时，根据福利供给和责任主体将福利划分为三类，即市场（就业）福利、家庭福利、国家福利。

二 就业福利

（一）就业福利的界定

社会成员通过就业建立与市场（经济）的关系，市场是就业者活动的场域，而就业则是获取市场（就业）福利的手段和行动。人们为了生计和必要的生活保障，需要到市场上寻找工作和就业机会。人们通过交换劳动来换取生活所需的资料，这是市场福利获得的最主要方式。根据研究主题，本研究选择从行动来界定，并使用"就业福利"这一概念。

需要注意，在西方福利政策中常用的"工作福利"和此处所使用的"就业福利"是有所区别的。在西方的福利制度改革中，特别是在福利国家危机之后，"工作福利"成为重要的福利政策导向，它强调接受政府社会救济者必须履行政府规定的与工作有关的义务，这实质上是"以工作换福利"的模式。不论是自由主义福利体制的美国、保守主义福利体制的德国，还是社会民主主义福利体制的瑞典等，在遭遇福利国家危机后均提出了工作导向的福利改革，例如，1996年美国实施《个人责任与工作机会法案》，该法案规定提供限时现金资助，每个家庭能接受最长期限为5年的公共援助，要求大多数成年人在领取资助后2年内重返工作岗位；德国要求受助者积极寻找工作，主动拒绝可能的工作意味着会失去救济；英国新工党福利改革计划提出"改救济为就业"，鼓励年轻失业者就业或参与职业培训。西方国家提出工作福利，一方面是为了减少福利依赖，另一方面是为了促进劳动力市场参与。这是一种积极的福利政策，强调权利与责任的统一，个人有工作的责任和义务，即面临"再商品化"的过程。"工作福利"是西方福利国家进行福利政策改革的重要方向，与福利多元主义在强调市场作用上具有一致性。而"工作福利"中的福利为国家福利，即工作是获取国家福利的前提。

而"就业福利"为福利三角理论框架中通过市场参与获得的福利，其强调福利的市场供给特性。参照上文中对于福利的界定，本研究将"就业福利"界定为由市场提供的，基于市场参与（就业）而获得的一切能够满足人们的某种需要，并给他们带来幸福和利益的各种条件和因素。

（二）就业福利的操作化

对于就业福利的获得来说，"是否就业"是先决条件，是能否获取就业福利的门槛。在求职者进入劳动力市场之后，基于就业而带来的各种收入、待遇以及其他需要的满足，同样意味着就业福利的获得。已有研究表明从事不同的职业往往意味着不同的社会经济地位和社会阶层，以及在经济、生活、文化、政治等各领域面临的分化。劳动力市场分割理论同样认为求职者处于不同的劳动力市场，面临着"职业隔离"与"职业分化"，低收入、高强度、不稳定的职业积聚在次级劳动力市场。从相关研究可以看出，职业可以作为"就业福利"分化的重要衡量指标。而与职业相关联的收入、工作稳定性、就业保护则是区分"好工作"和"坏工作"的关键变量。

因此，本研究将从两个层面来考察"就业福利"：一是"就业状态"；二是"就业质量"。

1. 就业状态

对于就业含义的界定，本研究采用了通用的标准，认为满足以下几个条件之一就被认定为就业,① 即最近一周以来,①从事过 1 小时以上有收入的工作;②在自己/自己家庭或家族拥有的企业/机构中工作,虽然没报酬,但每周工作在 15 小时以上或每天工作 3 小时以上;③参加劳动生产。通过询问被访者是否符合以上情况之一,来判断其是否就业。对于就业状态的回答,存在 3 种情况,即"有工作""没有工作,在找工作""没有工作,不打算找工作"。为了更详尽地了解就业状态及就业意愿,更准确地把握城市贫困者的就业行为以及就业福利获得的可能性,本研究在对就业福利的描述部分使用了这种三分法,即将"就业状态"操作化为三分类型变量,并分别赋值为"1""2""3"。同时需要指出的是,是否获得就业福利的标准应该根据就业与否来判断,从结果来看,仅存在两种情况,即要么就业,获取就业福利;要么不就业,不能获取就业福利。因此,本研究在最终的模型考察中选择了二分法,将"就业状态"操作化为二分虚拟变量,通过是否有工作这一问题来判断,1 为"是",0 为"否"。

2. 就业质量

对于就业质量的考察,本研究基于二元劳动力市场分割理论,假设处于初级劳动力市场的就业者就业质量优于处于次级劳动力市场的就业者,因此,城市贫困者在就业市场中所处的位置是衡量就业质量的首要指标,根据"是否次级劳动力市场就业"来考察,操作化为二分虚拟变量,1 为"是",0 为"否"。

依据劳动力市场分割理论,本研究使用"行业"和"职业"来区分初级劳动力市场和次级劳动力市场。对于行业的划分,本研究借鉴了张昭时和钱雪亚(2011)的分类,根据人们主观认定的行业和职业的好坏来做出判断。根据国民经济行业分类与代码(GB/4754-2011),我国的行业共分为 20 类,依据垄断性和保障性

---

① 在实地调研中,对于就业的界定借鉴了中国社会综合调查(CGSS)中关于就业的界定。

进行排序，可区分为"好行业"和"差行业"。其中"差行业"主要分布在农业、采矿、建筑、制造领域；"好行业"则分布在金融、科研、教育、文化体育卫生、社会管理与社会福利领域；另外存在一些仅从行业难以判断的类型，如商业、服务业等，根据提供商品和服务的类型再次划分，将高端商业、服务业划入"好行业"，将低端商业、服务业划入"差行业"。具体分类，如表2-1所示。

表2-1 基于行业的劳动力市场分割

分类	行业名称
差行业	农、林、牧、渔业；采矿业；建筑业；制造业；批发和零售业；住宿和餐饮业；居民服务及其他服务业
好行业	科学研究、技术服务和地质勘查业；金融业；教育业；卫生、社会保障和社会福利业；文化、体育和娱乐业；公共管理和社会组织；国际组织

资料来源：张昭时和钱雪亚（2011）。

对于职业则依据国际社会经济地位指数进行划分。国际社会经济地位指数反映了不同职业的声望得分，范围划定在16~90分。笔者通过对不同分数对应的职业进行观察发现，按照职业要求的管理和技术水平从高到低进行分类，非农职业可分为以下7类：高级的管理者和专业技术人员、中级管理者和专业技术人员、初级管理者和专业技术人员、一般办事人员、面向居民的商业服务业人员、技术工人、体力工人。其中，前4类职业属于一般意义上的白领，即"好职业"，后3类职业可被归为"蓝领"或"新蓝领"，[①] 即"差职业"。从国际标准职业社会经济指数（ISEI）得分看，基本以40分为界。

基于行业和职业的划分，本研究将处于"好行业"中的拥有

---

① "新蓝领"一词来源于赶集网联合北京大学市场与媒介研究中心发布的《中国都市新蓝领生存报告》，指目前工作、生活在二线（或以上）城市的、为城市日常运转贡献力量的基层工作者，包括销售、房产经纪人、保安、美容美发师、快递员等职业人群，也涵盖了部分基层白领。"新蓝领"人群不包括传统的工厂工人、建筑工人等。

"好职业"者归为初级劳动力市场劳动者；将其他劳动者归为次级劳动力市场劳动者。需要指出的是，这一划分标准具有一定的主观性，但是将此标准代入本研究使用的数据进行初步验证发现，与已有研究关于初级和次级劳动力市场的划分基本吻合，因此仍采纳这一标准。

另外，同样处于次级劳动力市场，被访者在具体职业类型、工作性质、就业保护等方面也存在一定的差异，因此，将这些因素同样纳入对就业福利的考察，将其作为辅助信息，建立起关于就业福利的更加丰富的认知框架。

职业类型是通过对调查中关于被访者的职业描述进行整理和归类的，并根据职业分类表进行转化和赋值，初步分析发现，受助者目前从事的职业中不存在管理者和专业技术人员，按照国家社会经济地位指数分类，主要包括5类，分别赋值：1为"办事人员"，2为"商业服务业人员"，3为"农民"，4为"工人"，5为"打零工/小时工"。

工作性质是基于雇佣状况以及稳定性进行分类的，将其操作化为三分类别变量，1为"受雇的稳定工作"，2为"受雇的不稳定工作"，3为"自雇者"。

就业保护是在就业过程中为了保障劳动者的基本权益不受侵犯，以及避免由于自身、家庭等的变化导致的突发状况带来的不便和风险，而针对劳动者设置的一系列保护措施。其中，劳动合同和社会保险是保护就业者权力和利益的主要政策。本研究主要从这两方面来考察，即通过分析劳动合同签订情况以及用人单位代缴的社会保险状况，来衡量就业保护状况。劳动合同分为书面劳动合同和口头劳动合同，由于口头劳动合同的有效性在很多时候受到质疑，其缺乏对劳动者的有效保障，因此，本研究对于劳动合同的考察以书面劳动合同为主，考察各种不同类型的书面合同的签订状况。典型的社会保险主要包括通常所说的"五险一金"，即养老保险、医疗保险、失业保险、生育保险、工伤保险和住房公积金。

三 家庭福利

（一）家庭福利的界定

家庭是构成社会的最基本的单位，由婚姻关系和血缘关系来维系。通过婚姻和血缘，家庭凝结成一个利益共同体，"血缘规定了家庭内部的权利、义务和责任等隶属关系"（罗红光，2013），作为家庭成员，一方面其在家庭内部享有一定的权利，如被抚养或赡养、享有权威、受到尊敬、共享家庭经济等；另一方面需要履行一定的义务，如赡养父母、抚养未成年子女、表达服从、积累家庭资产等。权利与义务共同构成了家庭成员之间的关系结构，具有维系家庭的生产、再生产、生活、情感等功能。罗红光（2013）基于家庭的经济责任与家庭的福利权利视角，阐释了作为家庭成员的权利与义务的统一。他指出"对内家庭经济有责任确保一定的生活水平，以及劳动的再生产。同时有责任承担劳动力的'再生产'"；而家庭福利是"在维护家庭伦理的前提下，为维持家庭正常运转的家庭内部诸义务和消费方式，以及相关的社会关系而构成的生活共同体"，"意味着家庭内部抵御外部侵袭、保证家庭成员安康等诸多内部公共事务"。彭华民（2007）将家庭制度操作化为经济互助和成员照顾两个变项，并指出在城市新贫困家庭中，家庭收入来源和开支安排随着就业状况的变化而发生变化，此时来自家庭的经济互助能够减轻因"就业制度排斥而带来的生活压力"；而家庭中老人、孩子、病人的照料需求的增加改变了贫困家庭的就业安排。

从相关的表述可以看出，家庭福利与家庭的生产、消费、照料等事务有关，是诸多家庭事务构成的生活共同体，成员共享家庭经济的成果，接受来自成员的关怀、支持与照料，增进个体和家庭福利。在这个由亲密关系构成的共同体内，权责统一，共同体成员均同时扮演着"施"与"受"的角色。但是在家庭中同样存在着相对的强势与弱势，这也意味着成员间施与受的程度不一定对等。强势一方承担更多付出的责任，而弱势一方接受更多被照料、被帮助的福利。家庭成员基于亲密的互动关系共享家庭内部的总体福利。

在家庭外部，同样存在一个以家庭或家庭中的成员为中心的扩展的"圈子"，林南称之为"似家庭"，指亲密的朋友关系（Lin，2001）。费孝通（2013）在《乡土中国》中用"差序格局"形容了这种社会结构，指出在差序格局下，每个人都以自己为中心向外扩散，结成网络。距离中心的远近也就表明关系的亲疏远近。"关系建立的基础是家庭、亲属和由家庭亲属延伸而来的社群。"（边燕杰，2004）"似家庭"内的成员间形成与"家庭"类似的关系，这种关系形成的关键是"亲密朋友对这种关系的主观认定"（边燕杰，2004），它同样意味着权利与义务的统一，并且伴随关系的远近，权利义务范畴有所差异。有学者将这种"似家庭"关系称为家庭社会资本，例如，张娟（2008）指出家庭社会资本是以家庭为基点辐射出来的社会网络关系，它主要是围绕父母的社会关系形成的；Hogan（2001）指出家庭社会资本就是家庭人际关系中可以利用的社会网络资源。

至此，本研究从家庭和似家庭角度出发，探讨了围绕家庭可能产生的福利，认为在家庭内部基于权利义务关系，成员间共享家庭福利；在家庭外部，同样存在类似家庭内部的成员关系，经历着类似的权利行使与义务履行，其被称为家庭社会资本。基于此，将家庭福利界定为"由家庭或围绕家庭而建立的非正式组织、初级群体提供的一切能够满足人们的某种需要并给他们带来幸福和利益的各种条件和因素"。

（二）家庭福利的操作化

基于不同研究视角，家庭福利的操作化各有侧重。有研究者认为家庭消费水平代表了家庭的购买能力，反映了家庭通过货币购买增进福利的水平，因此，可以将家庭人均消费支出作为家庭福利的代理变量（Narayan and Pritchett，1997；Grootaert and Swamy，2002；邵兴全、林艳，2011；赵剑治、陆铭，2009）。这主要是基于结果来判断家庭福利的，基本假设是消费支出的增加意味着生活水平的提高。彭华民（2007）虽然没有具体界定家庭福利，但是其基于福利三角理论探讨了在家庭制度层面，城市新贫困群体遭受到的社会排斥。其中，他把家庭制度操作化为经济互助和成员照顾，认为可以通过这两种形式提供家庭福利。这种观点主要是基于行为过程来判断家庭福利的，认为经济上的扶持和生活上的照料可以增进福利。

本研究扩展了家庭提供福利的范畴，将以家庭为核心形成的社会网络纳入家庭福利的考察范畴，侧重于从家庭内部、外部的福利供给能力来测量家庭福利，并认为家庭能够提供福利的资源（人力、网络）越多，家庭福利状况越好；反之，家庭中的劳动人口越少，老年、儿童越多，理论上照料负担就会越重，而家庭内部提供的福利，特别是提供给劳动年龄受助者的福利则相应较少；家庭外部支持网络越大，效度越高，则外部福利供给能力应该越强。

具体可操作化为两大层面，即家庭内部福利和家庭外部福利。

1. 家庭内部福利

对于城市贫困家庭，最显著的特征是经济上的匮乏，同时，家庭内的收支往往由其成员共同支配，因此，家庭内部在经济上的扶持可以忽略不计。在家庭照料方面，相关的研究表明，在贫困家庭中，老人、孩子、病人的照料问题突出（彭华民，2007）。因此，本研究主要将家庭内部福利限定在家庭照料上，家庭照料负担重意味着家庭能够给予劳动人口的福利较少。

本研究的研究对象为处于劳动年龄段有劳动能力的群体，其自身大多不存在照料问题，更多是承担照料责任，他们是家庭照料的提供者。有研究表明，"家庭制度中的成员照顾使得有就业能力的成员在承担照顾家人的责任时，无法到劳动力市场找工作，或者因为照顾家人造成其下岗失业，又或者因为照顾家人而无法全身心工作"（彭华民，2007）。对于家庭照料的提供，除资源的供给外，更重要的是时间和精力的付出，特别是时间上的要求，这就导致就业时间与照料时间的冲突，从而可能影响就业。因此，本研究从家庭照料负担入手，基于家庭中现实以及潜在需要照料者的状况来衡量家庭照料负担状况。

家庭照料负担是被照顾者状况与照顾者状况的综合考量。一方面，家庭能提供照顾的成员多，家庭劳动人口平均分担的照料负担就会相应减轻；另一方面，被照料者的人数和所处的状态决定了实际照料负担的状况。照顾者与被照顾者数量决定了家庭照料负担比例，本研究将其操作化为家庭人口结构；而被照顾者的状态决定了家庭照料负担的程度，本研究将其操作化为被照顾者状态。

所谓家庭人口结构，主要是指家庭成员结构分布，即家中老年、儿童以及劳动力人口的分布，对于老人和儿童的假定，与劳动年龄群体假定保持统一，采用国际通用标准，根据年龄进行界定。其中，0~15岁为儿童；16~64岁为劳动年龄段人口；65岁及以上为老年人口。笔者通过初步分析发现，在调查样本中以三人户为主，其次为二人户，三人以上户很少；且通过对家中老人和少儿的分析发现，大部分家庭没有老人或者少儿，即使有，也以1个为主，超过1个的比重很小。因此，对于老人和少儿的测量操作化为二分虚拟变量，分别为"是否有老人"和"是否有少儿"，"是"赋值为1，"否"赋值为0。劳动人口数被操作化为连续型变量。

被照顾者状态主要从健康结构和在学结构方面来描述，例如，是否有生活不能自理者或不健康者，是否有在学者。有生活不能自理者或不健康者往往意味着家庭医疗费用会增加，经初步分析，也证实了二者之间的显著相关性。医疗保险几乎实现了全覆盖，加之大病医疗基本实现了部分报销，因此，这能够减轻家庭的部

非典型福利依赖：城市贫困者的就业选择与行动逻辑

分负担。为了避免国家福利的影响，本研究选择了计算家庭自付部分占家庭净支出的比例来测量支出结构。同时，为了将个体承担的照顾责任与可能享受的照顾福利相区分，本研究在家庭自付治疗费用中剔除了被访者自身的支出，仅计算其他家庭成员的自付医疗支出，将医疗支出结构操作化为家庭自付医疗费用占家庭净支出的比例（被访者除外）。关于费用的计算以年为单位，并将其命名为"医疗支出比"、操作化为连续型变量。在教育方面，本研究初步分析发现，教育支出呈随教育阶段提高而增加的趋势，特别是义务教育与非义务教育阶段的教育支出差别较大。但是，在非义务教育阶段，高中与大学的教育费用统计口径存在不一致的情况，主要是是否住校的差异。调查发现，大部分大学生不住在家中，其教育费用一般以年为单位，各项费用（如学费、住宿费、生活费等）都被包括了，而家庭的生活费用则不包含住校在学者的相关费用；高中阶段的统计口径有所不同，由于大部分高中阶段学生以住家为主，在教育费用的统计上以单纯的学费、图书资料费、相关课程费用为准，不包含生活费用。为了避免由于统计口径不一致产生的统计偏差，本研究对在学者进行测量时，用其所处教育阶段来代替，由于家庭中可能有不止一个在学者，在统计时采用了最高教育层次标准，即取其中所处教育阶段较高者，并将其操作化为四分类别变量，0为"无在学者"；1为"义务教育阶段及以下"，2为"高中、职高"；3为"大学及以上"。

2. 家庭外部福利

家庭外部福利是指除家庭户内成员外的其他密切相关的群体对家庭和个体的支持。"在中国，家庭既是社会结构的核心，也是社会关系产生和形成的源泉，这种关系就被理解为家庭纽带和家庭义务延伸而成的网络。"（边燕杰，2004）对于家庭外部社会资本的测量，除少部分研究者使用经济支持、就业支持等局部变量来衡量某一方面对家庭福利的影响外，更多研究者将家庭社会资本作为衡量家庭外部福利的主要变量，他们认为家庭社会资本是来自家庭外部的社会支持的重要渠道。本研究同样使用"家庭社会资本"概念,来测量家庭外部福利的供给能力。

布迪厄最早将"社会资本"的概念正式引入社会学语境,他指出社会资本是通过"体制化关系网络占有的实际或者潜在的资源集合体"(Bourdieu,1986)。Portes(1995)基于能力视角界定社会资本,他指出社会资本是"个体利用其在关系网络或更广范围的社会结构中的成员资格获取稀缺资源的能力"。还有学者基于组织视角,认为"社会资本是社会组织的特征,诸如信任、规范以及网络,他们能够促进合作来提升社会效率"(费特南,2001)。尽管表述不同,但其在社会资本的基本意义上是一致的。社会资本反映了一种关系网络和社会支持,这意味着资源或潜在资源的获得对于资源接受者来说,具有帮助和降低自身投入成本的功能。"社会资本对于缺乏资源的贫困者而言具有一定的救助功能。"(李慧斌、杨雪冬,2000)家庭中个体的社会资本与家庭总体社会资本之间没有明显的界线,来自亲友的帮助往往不是针对一个人而是覆盖整个家庭的,因此,本研究中社会资本指代的是家庭社会资本。

本研究主要从社会资本/社会网络的广度、深度(高度)、异质性、强度等几个方面对社会资本进行测量。广度是指个体或家庭所拥有的社会资源的数量,如社会网络中交往的人的数量等测量社交网络规模的指标。深度是指个体或家庭所拥有的社会资源总量或社交网络的顶点,如交往群体中个体的最高社会经济地位、职业地位,社交网络最高与最低处之间的距离等。异质性是指个体或家庭所拥有的社会资源的离散程度,或交往群体的分布状况,如亲人和朋友等的资源在社会资本总量中的占比,以及所属的职业类型数、单位类型数等。强度是指个体或家庭与所拥有的社会资本之间的互动频率、关系强度等,如强关系、弱关系、血缘关系、业缘关系、地缘关系等,用以测量该社会资本被利用的可能性、有效性。

基于不同研究视角,研究者从其中的一个或几个方面来测量或操作化社会资本。例如,弗奈普等(Flap and Graaf,1986)基于广度、深度、强度三方面进行测量，将社会（网络）资本操作化为当个体有需要时，社会网络中有意愿或有义务提供帮助的人的数量；这些人所拥有的资源的数量；提供帮助的意愿的强度。

林南（Lin，2001）基于广度、深度来测量社会资本，他使用了三个指标，即达高性、异质性、广泛性；分别测量了网络的最高位置，最高与最低位置之间的距离，以及网络包含的不同资本数量。

边燕杰和李煜（2001）在沿袭林南社会网络资本思路的基础上，也基于广度和深度对其进行了测量，不同的是他们考虑到中国在经济转型的过程中，单位的特殊意义，并将职业和单位同时纳入其中，操作化为4个变量：拜年交往者所涉及的职业个数；他们的职业地位总分；拜年交往者所涉及的单位类型个数；他们的单位类型总分。

王卫东（2006）总结了不同的社会资本测量方法，并基于中国城市社会文化背景从广度、深度、异质性方面提出了自己的测量标准，包括6个观测指标，即网络规模、网络成员的ISEI均值、网络密度、网络成员中的最高ISEI、网差（最高与最低的ISEI的差）、社会网络资本总量；并使用拜年网测量了个体社会网络资本。

布迪厄和科尔曼基于强度从群体的层次测量社会资本，认为社会网络边界越封闭，内部关系越紧密，就越有利于社会网络资本的维持和社会网络的再生产（Bourdieu，1986；Coleman，1988）。格兰诺维特也主要基于关系的强度来测量社会资本，他认为关系强度是"概述关系特征的时间量、情感的紧密性、熟识程度、交互服务等的复合体"（Granovetter，1973）。

在经验研究中，对于社会网络的测量主要是基于核心讨论网或拜年网进行的。核心讨论网在国外的社会网络研究中被使用得较多，他们主要通过询问被调查者与其讨论重要问题的关系人的状况，包括数量、类型、性别、年龄、教育、职业、工作单位、关系密切程度，以及讨论问题的性质等方面来判断社会网络/社会资本的状况。

拜年网在对中国社会（网络）资本的测量中具有重要的意义。春节是中国最重要的文化传统和一年中最重要的节日，在春节期间，人们会与密切相关的人相互拜年。"中国城市就像农村一样，社会聚会和登门拜访是个人和家庭培养、维持或中断社会联系的重要时刻"（Yang，1994；Yan，1996）；"关系密切的亲友在春节期间不互相拜年是说不过去的"（边燕杰、李煜，2001）。拜年网是被调查者在春节期间以各种方式互相拜年的人所形成的社会网络，通过测量这个网络中包含的亲属、朋友、其他人的数量，以及他们的职业、单位等，来推定他们的拜年网规模、异质性、深度等，进而分析个体能够在核心关系网中获取资源的情况。

本研究综合不同研究者的方法，同样采用拜年网来测量城市低保家庭的社会资本。考虑到指标的可获得性以及科学性，将社会资本操作化为3个二级指标，即网络规模、网络异质性、网顶。

网络规模是拜年网中包含的亲属、亲密朋友和其他人的数量之和。

本研究将网络异质性操作化为3个次级指标，分别为网络密度、职业类型数、单位类型数。其中，网络密度衡量的是网络中亲属所占的比例，由此估计拜年网的交往半径，比例越小，网络异质性越强；职业类型数是拜年网中涉及的亲朋好友及其他人所从事的职业的个数，共包含19种类型，包含的职业个数越多，网络异质性越强；单位类型数是拜年网中涉及的亲朋好友及其他人所归属的单位类型个数，共包含10种类型，单位类型数越多，网络异质性越强。

网顶是拜年网中涉及的亲朋好友及其他人的最高职业得分，采用国际标准职业社会经济指数（ISEI）进行对应赋值。

四　国家福利

（一）国家福利的界定

有研究者基于责任主体对国家福利进行界定，"国家福利就是国家提供的福利"（周沛，2008），强调的是国家在福利供给中的主体责任。对于国家福利的界定存在广义和狭义之分，广义上的国家福利强调"国家在福利定位、福利资源动员以及福利传递机制或供给方式上所直接或间接扮演的角色"（高功敬，2014）。狭义上的国家福利仅包括国家直接扮演的角色和发挥的功能，指国家在福利传递机制上发挥的功能，例如，由国家主管的福利供给，以及通过国家传递的福利资源和服务等。其中政府作为国家的行政机关，承担着具体的福利供给职能。本研究采用了狭义的观点，将国家福利界定为国家和政府用于满足公民的需要并给他们带来幸福和利益的各种条件和因素，在实际操作中，往往表现为一系列的社会政策和福利项目。

由于理论视角、研究目的的差异，研究者在国家福利的相关研究中对于国家福利的范畴、相关福利项目的表述和内容等方面的研究存在不同。例如，彭华民（2007）使用社会福利的概念来描绘由国家和政府提供的福利项目，认为国家福利包括社会保险、社会救济、社会服务，其中，社会保险主要包括失业保险、养老保险和医疗保险三个内容；社会服务包括就业支持服务和家庭支持服务。周沛（2008）将国家福利区分为社会保障、特殊性社会福利事业和公共福利事业，其中，社会保障主要包括社会救助和社会保险；特殊性社会福利事业主要包括为特殊群体（如老年人、儿童、残疾人）提供的福利项目；公共福利事业是涉及全体公民的公益性事业，如医疗卫生、教育文化、体育健身、环保等领域的公共服务和公共产品供给。

本研究以国家福利政策为依据，涉及的社会政策主要围绕城市贫困者与就业问题，所以，对于国家福利的分析也由此展开，本研究主要通过社会救助和就业支持来测量国家福利。

本研究之所以没有纳入社会保险福利，主要是考虑了社会保险与就业之间的强关联性，往往是就业状况决定了保险状况（类型），有时，社会保险还被看作职业福利的一种。而非反之，即社会保险影响就业。基于因果关系在时间上表现为先因后果,本研究对于国家福利影响的讨论,没有包括社会保险福利。

1. 社会救助

从福利角度来看,社会救助是国家提供的救助福利。宪法赋予了公民接受社会保障和社会救济的权利,在宪法第45条第1款中规定"中华人民共和国公民在年老、疾病或者丧失劳动能力的情况下,有从国家和社会获得物质帮助的权利。国家发展为公民享受这些权利所需要的社会保险、社会救济和医疗卫生事业"。[①] 这从法律层面确定了国家提供社会救济的合法性、正当性,以及必要性。

我国对社会救助以及最低生活保障的界定主要基于现有的政策文件。不同历史时期和发展阶段,对于社会救助和最低生活保障的界定存在差异,主要反映在对救助内容、义务履行方、权利保障范围规定的差异上。2008年《中华人民共和国社会救助法(草案征求意见稿)》(后文简称《征求意见稿》)明确了公民的社会救助权,并指出"根据宪法,制定本法";对于"社会救助"的表述为"本法所称社会救助,是指国家和社会对依靠自身努力难以满足其生存基本需求的公民给予的物质帮助和服务。社会救助以居民最低生活保障为基本内容,并根据实际情况实施专项救助、自然灾害救助、临时救助以及国家确定的其他救助"。[②]《征求意见稿》明确了救助责任主体为国家和社会,但二者之间的责任如何划分没有明确、社会主体的范畴没有具体表述。《征求意见稿》明确了权利的主体为依靠自身努力难以满足其基本生存需求的公民。首先,保障公民基本权利;其次,对救助层次进行界定,满足的是基本生存需求,即保障权利范围为公民权;再次,救助限定了

[①] 《中华人民共和国宪法》,https://news.12371.cn/2018/03/22/ARTI1521673331685307.shtml,最后访问日期:2015年5月20日。

[②] 《中华人民共和国社会救助法(征求意见稿)》,http://www.gov.cn/gzdt/2008-08/15/content_1072843.htm,最后访问日期:2015年6月17日。

必要前提，即依靠自身努力仍不能满足基本生存需求，强调个人的必要责任；最后，救助形式为物质救助和服务。另外，《征求意见稿》指出了应遵循的基本原则为：与经济社会发展水平相适应；与其他社会保障制度相衔接；保障基本生活；鼓励劳动自救；公开、公平、公正、及时。① 此处表述中最值得注意之处在于"鼓励劳动自救"，强调了个体的就业责任。

2009 年，社会救助法（修改稿）对于社会救助的表述与 2008 年《征求意见稿》基本一致，仅增加了孤残供养，并将其作为救助的基本内容之一，救助的范围有所扩大。之后，《中华人民共和国社会救助法（草案征求意见稿）》几次修订，对于救助的内容、救助的对象几经修改，但最终仍未正式出台。2014 年 5 月 1 日正式施行的《社会救助暂行办法》（后文简称《暂行办法》）对社会救助未有明确界定。到目前为止，作为社会救助的指导性文件，其缺乏对于社会救助的明确界定，不得不说是一个重大的缺憾和不足。基于之前文件的表述，从我国社会救助的实践出发，本研究采用了 2008 年《征求意见稿》的表述，即社会救助是"国家和社会对依靠自身努力难以满足其生存基本需求的公民给予的物质帮助和服务"。②

从这个表述中，可以归结出社会救助的几个基本特征。首先，社会救助是补缺型救助，在社会成员依靠自身努力难以满足其生存基本需求时，提供必要的补充。其次，社会救助的形式具有多样性，包括物质帮助和服务。最后，社会救助的主体具有多元性，包括国家和社会。在这个表述中阐述了国家、社会以及个体之间的关系，即个体努力是基础，国家和社会是个体遭遇困难时的必要补充，其中，国家是主导、社会是辅助。

《暂行办法》构建了"8 + 1"的社会救助体系，即最低生活保

---

① 《中华人民共和国社会救助法（征求意见稿）》，http://www.gov.cn/gzdt/2008 - 08/15/content_1072843.htm，最后访问日期：2015 年 6 月 17 日。
② 《中华人民共和国社会救助法（征求意见稿）》，http://www.gov.cn/gzdt/2008 - 08/15/content_1072843.htm，最后访问日期：2015 年 6 月 17 日。

障、特困人员供养、受灾人员救助、医疗救助、教育救助、住房救助、就业救助、临时救助八项制度，以及社会力量参与，明确了社会救助的主要内容，这是第一次以法律制度形式给予明确。在本研究设计和调研阶段，笔者基于"8+1"的社会救助体系对受助者的社会救助状况进行了全面的调查。

鉴于本研究中的城市贫困群体限定为领取了最低生活保障的城市贫困群体，本研究对于最低生活保障也进行了界定。在1999年10月1日施行的《城市居民最低生活保障条例》中规定"持有非农业户口的城市居民，凡共同生活的家庭成员人均收入低于当地城市居民最低生活保障标准的，均有从当地人民政府获得基本生活物质帮助的权利"。[①] 2008年、2009年和2014年的社会救助相关政策同样有所表述，内容基本一致，主要包括以下几个方面：（1）最低生活保障救助以户为单位；（2）保障目标为维持基本生活；（3）以低保线为标准施行差额救助；（4）救助主体为县级人民政府；（5）采用家计调查的选择式救助，家计调查的内容包括家庭收入和财产。

2. 就业支持

国家通过法律法规的形式确定了劳动者的就业权利，凡是年满16周岁有劳动能力和就业意愿者均可求职。首先，在法律层面，出台了《中华人民共和国劳动法》《中华人民共和国社会保险法》《中华人民共和国就业促进法》《中华人民共和国劳动合同法》等法律对公民的劳动与就业予以保障，对劳动者享有平等就业与选择职业的权利、获得劳动安全卫生保护的权利、接受职业技能培训的权利、享受社会保险和福利的权利等予以保障，对用人单位以及国家义务予以规定；规定了用人单位与劳动者建立劳动关系，应当订立书面劳动合同；对于非全日制用工（以小时计酬为主）

---

① 《城市居民最低生活保障条例》，http://www.gov.cn/banshi/2005-08/04/content_20243.htm，最后访问日期：2015年4月25日。

非典型福利依赖：城市贫困者的就业选择与行动逻辑

可以订立口头协议，双方当事人可以随时通知对方终止用工；同时，规定了国家应当"发展职业培训事业，开发劳动者的职业技能，提高劳动者素质，增强劳动者的就业能力和工作能力"。[①]《中华人民共和国就业促进法》明确了"县级以上人民政府应当根据就业状况和就业工作目标，在财政预算中安排就业专项资金用于促进就业工作。就业专项资金用于职业介绍、职业培训、公益性岗位、职业技能鉴定、特定就业政策和社会保险等的补贴，小额贷款担保基金和微利项目的小额担保贷款贴息，以及扶持公共就业服务等"。[②] 同时，通过税收优惠鼓励企业扶持失业人员就业；通过金融政策鼓励就业创业；建立健全公共就业服务体系，设立公共就业服务机构，为劳动者免费提供包括职业政策法规咨询、职业供求信息与职业培训信息发布、职业指导、介绍、就业援助等服务。其中，职业教育与培训部分明确规定："县级以上人民政府加强统筹协调，鼓励和支持各类职业院校、职业技能培训机构和用人单位依法开展就业前培训、在职培训、再就业培训和创业培训；鼓励劳动者参加各种形式的培训。"[③] "帮助失业人员提高职业技能，增强其就业能力和创业能力。失业人员参加就业培训的，按照有关规定享受政府培训补贴。"[④] 就业援助相关条款也明确"各级人民政府建立健全就业援助制度，采取税费减免、贷款贴息、社会保险补贴、岗位补贴等办法，通过公益性岗位安置等途径，对就业困难人员实行优先扶持和重点帮助"。[⑤] 人力资源和社

[①] 《中华人民共和国劳动法》，http://www.mohrss.gov.cn/SYrlzyhshbzb/zcfg/flfg/fl/201601/t20160119_232110.html，最后访问日期：2019年7月25日。

[②] 《中华人民共和国就业促进法》，http://www.mohrss.gov.cn/SYrlzyhshbzb/zcfg/flfg/fl/201601/t20160119_232078.html，最后访问日期：2019年7月25日。

[③] 《中华人民共和国就业促进法》，http://www.mohrss.gov.cn/SYrlzyhshbzb/zcfg/flfg/fl/201601/t20160119_232078.html，最后访问日期：2019年7月25日。

[④] 《中华人民共和国就业促进法》，http://www.mohrss.gov.cn/SYrlzyhshbzb/zcfg/flfg/fl/201601/t20160119_232078.html，最后访问日期：2019年7月25日。

[⑤] 《中华人民共和国就业促进法》，http://www.mohrss.gov.cn/SYrlzyhshbzb/zcfg/flfg/fl/201601/t20160119_232078.html，最后访问日期：2019年7月25日。

会保障部联合有关部门出台了一系列政策，如《关于推动社区就业工作的若干意见》《关于进一步加强劳动力市场建设完善就业服务体系的意见》《关于贯彻落实中共中央国务院关于进一步做好下岗失业人员再就业工作的通知若干问题的意见》《就业服务与就业管理规定》等，从税收、培训、公共就业岗位开发等方面为劳动者（特别指出了弱势求职者、下岗失业人员等）提供就业支持。

通过查阅相关法律法规政策文件，以及对被调查者的调查，本研究将就业支持的内容具体化，界定为由政府提供的，以推动包括城市贫困者在内的就业困难群体实现就业为目的的一系列优惠政策、措施和行动。

（二）国家福利的操作化

1. 社会救助

对于社会救助，本研究从救助时长、救助水平和救助结构三方面来测量。

有研究（韩克庆、郭瑜，2012）将领取低保时间作为衡量是否存在福利依赖的标准之一，认为领取救助时间越长，陷入福利依赖的可能性越大。还有研究者以接受救助时间来测量贫困的状态，由此来区分长期贫困与短期贫困，如何晓琦（2004）将陷入贫困时间在5年及以上的状态定义为长期贫困，指出如果一个人一生中有5年或超过5年时间处于贫困状态，那么在剩下的生命时间中，继续处于贫困状态的可能性很大。为了更好地探讨贫困、救助与福利依赖之间的关系，以及考察福利与就业的关系，本研究选取救助时长作为测量国家救助福利程度的指标之一。

低保是社会救助的主体形式，救助时长主要通过领取低保的时长来测量。本研究通过统计初次接受低保救助的日期与结束低保救助的日期，来计算低保领取的持续期。以不间断救助为一次，统计接受低保救助次数。若中间出现了退保行为，则另计一次，采用同样方法统计此次低保救助的持续时间。最后，将每次领取低保的时长累积，得出总的领取低保时长，以年为单位来计算，其为连续型数值变量。

关于救助水平,本研究采用了人均家庭社会救助收入自然对数来对其进行测量。在社会救助项目的设置上,存在不同的救助形式,如以家庭户为单位的救助和以家庭中的个人为单位实施的救助。目前,我国社会救助制度建立起了以低保救助为主,以专项救助为辅的社会救助体系;低保仍是大部分受助家庭的主体救助来源。考虑到最低生活保障是以家庭为单位实施的救助,在救助金额的确定上采用人均低保救助标准减家庭人均收入的形式来确定。因此,对于社会救助收入,同样能够采取人均家庭社会救助收入来计算。考虑到变量的分布和对于收入类指数的使用惯例,本研究对人均家庭年社会救助收入取自然对数,将其作为衡量救助水平的指标,并操作化为连续型数值变量。

救助结构反映的是家庭领取的各项社会救助项目之间的关系,特别是低保与其他社会救助之间的关系。低保的"高含金量"和"低保倒挂"一直是社会救助制度讨论的重点,一些研究者认为其他社会救助制度与低保资格捆绑是导致福利依赖和低就业动机的重要原因。为了考察这种可能性,本研究将救助结构操作化为低保收入占社会救助收入的百分比,二者均以一年内的家庭相关收入作为统计单位,为[0,1]的一个连续性数值变量。

2. 就业支持

对于就业支持的研究包括两部分,首先是是否享受过就业支持,其次是享受过哪些就业支持。前者操作化为一个二分虚拟变量,1为"是"、0为"否"。后者涵盖了常见的就业支持政策,包括税收减免、小额贷款、就业培训、提供就业岗位、提供摊位,分别操作化为二分虚拟变量,1为"是"、0为"否"。

五 个体人力资本

(一) 人力资本的界定

人力资本思想可以追溯到古典经济学时期,柏拉图在其《理想国》中就阐述了教育和训练的重要性；亚里士多德也意识到了教育的积极作用。亚当·斯密则是第一个将人看作资本的经济学家，他将固定资本分为四类，其中第四类是能力，与教育和培训有关。其后的很多古典经济学家阐述过类似的观点，强调教育、技能、知识等在收入分配、劳动效率、经济增长中的作用。

最早提出"人力资本"一词的是费雪（2017），他在《资本和收入的性质》一书中提出这一概念。舒尔茨（1990）则首次明确阐释了人力资本投资理论，阐明了人力资本概念与性质、人力资本投资内容与途径、人力资本在经济增长中的作用。他认为人力资本是体现在人身上的知识、技能的存量，人力资本投资的主要途径包括投资健康、教育、技术培训等；人力资本是解决贫困问题的关键。贝克（2007）基于微观层面研究人力资本，建立了人力资本理论框架，他尤其强调了"在职培训"的重要性。后来的研究者从不同角度测量了人力资本，先后建立了人力资本投资收益模型、人力资本定价模型、人力资本与经济增长模型等，研究了工资决定、劳动力供给、收入分配等问题。

对于人力资本含义的界定，主要存在两种路径。

一种从因素出发，探讨人力资本包含的因素和内容。如舒尔茨认为其是体现在人身上的知识、技能、经历、经验、熟练程度等的总和。其后国内外人力资本研究者均做过相似的定义。如国际经济合作与发展组织指出"人力资本是个人所拥有的能够创造个人、社会和经济福祉的知识、技能、能力和素质"（Healy，2001）。

另一种路径深入人力资本的本质，认为人力资本体现了一种价值，是各种因素带来的价值的总和。如贝克（2007）认为人力资本是嵌入在劳动者自身生产和交换过程中的有品质的追加价值。朱必祥（2005）指出，人力资本"是通过对人投资而形成的存在于人体中并能带来未来收益的以知识、技能及健康因素体现的价值"。

二者体现了过程与结果导向的区别，"因素论"倾向于从过程出发，将人力资本看作教育、技能、健康等资源凝结于人自身发挥作用的过程；"价值论"则从结果来衡量这些因素对未来收益提升的价值。本研究从操作层面出发，更倾向于选择"因素论"的观点，将人力资本看作教育、技能、健康等资源的集合。

（二）人力资本的操作化

本研究从人力资本的内涵出发，基于教育、健康状况两个层面操作化人力资本。

1. 教育

教育有广义和狭义之分，狭义的教育往往是指正式的教育，主要指学校的正规教育；广义的教育则涵盖了学校教育和职业教育，或正规教育与在职教育。后者往往以培训的方式进行，是一种短期的教育形式。罗伯特·卢卡斯就强调了劳动者在正规或非正规的教育中积累的人力资本对经济增长的作用（吴培新，1995）。对于培训作为一种人力资本所发挥的作用，经典的研究来自明塞尔（2001），在其1957年的《人力资本投资与个人收入分配》一文中，建立了个人收入与接受培训量之间关系的经济数学模型，在论文《在职培训：成本、收益与某些含义》中，估算了在职培训总量及收益率，揭示了劳动者的收入差别与接受教育和获得工作经验长短的关系。另外，在对贫困以及就业问题的研究中，很多研究者强调培训对于提高人力资本的重要性。研究者发现，在积极劳动力市场政策中，培训政策和积极策略最有效（Michael and Conny，2006）；再就业培训能够增强失业者的主观意愿，以及获得更多就业机会（慈勤英、王卓祺，2006）；下岗职工再就业培训与再就业相关强度较高（苗兴状，2001）。可见培训是一种重要的人力资本增长途径。但是，本研究对调查数据的初步分析发现，城市贫困者的就业培训具有一个显著的特点，即政府主导性。就业培训带有政策导向的色彩，往往是国家就业支持政策的重要组成部分，是国家福利供给的重要方式。因此，本研究将培训作为国家福利的一种，在后文予以介绍。此处采用狭义教育的观点，仅指正规教育。

在人力资本研究中，最受关注的是正规教育，如关于教育的投资回报率、教育公平与贫困代际传递问题的研究等。教育是最常用的衡量人力资本的变量。例如，沃尔什在《人力资本观》中将个人教育费用与以后收入进行比较，计算教育的经济收益（转自李建民，1999）；爱德华·丹尼森用实证计量方法论证了美国1929~1957年的经济增长有23%归功于教育；戴维·罗默提出罗默模型，并将知识作为一个独立要素纳入经济增长模型。国内学者也较多将教育作为衡量人力资本的标准，如刘修岩等（2007），蒋选和韩林芝（2009），王士红（2017）都将平均受教育年限或总体受教育水平等局部特征作为人力资本的度量指标。赖德胜和田永坡（2004）也指出人力资本投资是个人决策，由受教育水平来表示，人力资本水平决定个人对教育的投入。

对于教育的测量主要有两种方式。一种是教育年限，主要用接受各类教育的总时长来测量。另一种是教育层次水平。在实证研究中，前者往往将教育作为一个连续的数值型变量，衡量教育年限的增加所带来的收益的变化。后者则将教育作为一种定序或定类变量，比较不同类别的教育体现在收益上的差异。

在我国，学生在初中之后面临教育分流，部分人进入高中，还有部分人则进入了职业学校（如职高、技校、中专等），虽然在受教育年限上二者基本一致，但教育目标和教学手段却不同，这导致学生在掌握的知识、技能上存在差异。本研究经过初步分析发现，二者之间在就业问题上的确有差异，因此，将教育操作化为五分类别变量，并进行了赋值，其中1为"小学及以下"、2为"初中"、3为"高中"、4为"中专/职高技校"、5为"大专及以上"。[①]

[①] 虽然大学专科与大学本科属于不同的教育分流，但笔者在调查中发现上过大学的被访者样本量较小，且初步分析发现二者之间不存在显著差异，因此，将大专、本科以及以上学历进行了合并，统称为"大专及以上"。

2. 健康

以往的研究更倾向基于教育、工作经验来研究人力资本对收入、工资、就业的影响。很多研究者使用教育这一单一变量指代人力资本，健康要素在很多时候被忽略了。但是，随着人力资本理论的发展，健康越来越被当作一个重要的影响因素的变量。在人力资本理论中关于贫困有一个重要的论断，即认为贫困是健康和教育等高质量人力资本投资不足的后果，其中，健康是机体处于正常运转的一种状态，是重要的人力资本之一。Selma 在《健康作为一种投资》中"正式将健康作为一种人力资本投资"（转引自李建民，1999）。

学界关于健康资本的研究较少，并且以经济学为主，考察健康人力资本与经济发展、收入分配、劳动供给等的关系，将健康资本纳入经济模型。其有宏观和微观视角之分。在宏观方面主要基于地区、国际层面，考察健康对经济增长的影响。从本研究出发，此处主要探讨微观层面健康人力资本的影响。大部分研究者均发现了健康人力资本与收入或劳动生产率、劳动供给之间的正向相关性。在健康与收入、劳动生产率关系方面，张车伟（2003）从营养和健康方面研究了健康与农户收入之间的关系发现，营养摄入和疾病显著影响收入。高梦韬等（2005）发现，大病冲击使农户人均纯收入下降5%~6%，且具有长期影响。李谷成等（2006）也发现了健康对农民收入增长的影响，且认为二者之间具有长期均衡性。刘国恩等（2004）发现，个人健康显著影响家庭收入，身高和健康自评对小时工资和月工资均具有显著正向影响（王鹏、刘国恩，2010）。在健康与劳动供给或就业关系方面，魏众（2004）发现个体健康对劳动参与和非农就业均具有显著影响。同时，有研究同样表明家庭成员的健康与就业之间有显著相关性。家庭照料和看护负担，导致劳动者在就业与看护之间做出选择或取舍，进而影响了劳动参与。例如，Fast、Williamson 和 Keating（1999）发现在美国有家庭看护责任的劳动者就业率明显不足，仅有30%~40%，还有至少8%的劳动者面临工作和家庭看护的双重责任。Spiess 等（2004）对欧盟 12 国的中年妇女看护时间与每周工作时间的分析发现，二者之间具有显著的负相关性，她们会因家庭成员患病而相应调整工作时间或选择就业与否。而家庭成员的看护不仅仅是妻子的责任，同样会对丈夫产生影响，但对夫妻双方的影响存在差异。当妻子生病时男人会减少劳动时间以便照顾妻子，而当丈夫生病时女人会增加劳动时间以弥补家庭收入降低的损失。是否参与就业是获得劳动收入的前提，从城市低保角度来看，其更是一系列就业福利获得的前提。因此，本研究侧重基于健康与就业关系研究人力资本的影响。

目前，对于健康的测量主要有两种方式。一种是主观健康状况，主要采用自评的方式，通过询问被访者目前感知到的健康状况如何来判断其是否健康，例如，赵忠（2006）、王曙光、董香书（2013）和 Islam 等（2008）就采用自评健康状况进行测量。采用这种方法的好处在于数据容易获取，但是"直接将健康纳入模型进行估计会导致估计有偏。自评健康具有很强的主观性，很可能与自己的工资收入相关"（王鹏、刘国恩，2010）。另一种是客观健康状况，采用客观的可量化的指标来评价健康状况，大多是基于疾病情况、营养状况、身体指标等几方面进行测量。如 Strauss（1997）利用截面数据估计身高、体重指数、卡路里和蛋白质摄入量对巴西城市劳动者收入的影响。Schultz（2002）将身高作为人体测量指标，衡量一个人的长期营养和长期健康状况。Schultz 和 Tansel（1997）研究了疾病和伤残时长对收入的影响。Gannon 和 Nolan（2004；2007）从是否身患慢性病、残疾，以及完全或部分不能自理几个方面来界定健康状况（Nolan et al.，2003）。谭琳和阿巴斯（1999）比较了几种不同健康指标指出，成人的发病率可以作为测量成人健康状况的重要指标，但是这种方法同样存在缺陷，"不可避免地带有主观因素，也可能受文化因素的影响，使数据失去可靠性"，因此，还可以采用日常生活自理能力来间接地、客观地反映健康状况。在对中青年雇员健康与劳动生产率关系的研究中，可以使用中青年人的发病率这一指标，但是其对自营生产者来说不可靠，"因为他们可以自行调整工作时间以适应自己的健康状况"（谭琳、阿巴斯，1999）。还有学者将主客观指标相结合测量健康状况，例如，王鹏和刘国恩（2010）就选取人体测量和自评健康状况作为衡量健康人力资本的指标，其中，人体测量主要采用身高这一指标，因为这一指标往往由专业医务人员测量，可靠性高；而对于自评健康，他们考虑到主观性的影响，同时将"是否了解中国居民膳食宝塔或中国居民膳食"作为工具变量解决内生性问题。

本研究同样采用主客观相结合的方法，将健康状况操作化为健康自评与发病状况两个指标。其中健康自评分为四级，即1为"很健康"，2为"比较健康"，3为"不健康，但能够自理"，4为"非常不健康，生活不能自理"，其与以往对于健康自评设置的不同之处在于，本研究将"是否能够自理"同时纳入。在实地调研中，分两步完成，首先询问被访者自感健康状况，对于回答不健康者会继续追问其生活自理情况，主要包括日常生活中的一系列项目，诸如行走、外出、洗衣、做饭、起居等，是否能够独立完成，由此判断其生活是否能够自理。本研究在对数据进行整理及初步分析后发现，自感非常健康者所占比例非常少，故将很健康和比较健康合并为健康。本研究对象为有劳动能力者，因此将生活不能自理者排除在外。最终本研究将健康自评操作化为二分虚拟变量，1为"健康"、0为"不健康，但能自理"。

客观健康测量指标为发病状况。对于发病状况，从重大疾病和慢性病两个方面测量。对于重大疾病的判断标准有两种类型，一种从医学角度出发，以疾病损害程度为标准，一般可根据疾病类型来判断；另一种从经济学角度出发，以医疗费用多少或是否住院治疗（高梦韬等，2005；孙昂、姚洋，2006）为判断依据。笔者在访谈中发现，对于城市贫困者来说，除非他们患非常严重的疾病，否则一般不会选择住院治疗，相关研究也发现贫困者"小病基本靠扛"。因此，将"是否住院治疗"作为衡量重大疾病的标准具有可行性。

世卫组织近期公布的一份报告显示，欧洲15岁以上人口中有超过1/3受到慢性病折磨，死于慢性病的人数占到总体死亡人数的七成以上（77%）。[①] 2014年12月，辽宁省卫计委发布的慢性病数据也显示，辽宁省城市死亡人口中84.8%为慢性病死亡，[②] 其中恶性肿瘤、心脑血管疾病是最主要的致死病因。慢性病对健康的危害越来越受到关注。由于各类慢性病对劳动参与的影响程度不同，为了更加细致地比较不同慢性病对就业的影响，本研究使用开放式问题，让被访者列出其所患的各种慢性疾病，资料收集后进行慢性病分类。目前，对于慢性病的划分主要是基于系统进行分类的，本研究参照国际疾病分类标准，将研究中调查对象的自身慢性疾病的回答进行整理，并重新编码、归类，将慢性病划分为七类：循环系统疾病，如高血压、冠心病、脑卒中风等；呼吸系统疾病，如慢性支气管炎、肺气肿等；内分泌、营养和代谢疾病，如糖尿病、痛风等；消化系统疾病，如慢性肝炎、胃炎、胃溃疡、肠炎、胆囊炎等；肌肉骨骼系统、结缔组织以及风湿性疾病等，如骨质疏松、骨关节炎、类风湿性关节炎、强直性脊柱炎等；恶性肿瘤；精神和行为障碍。

重大疾病和慢性病均被操作化为二分虚拟变量，"患病"为1、"未患病"为0。同时，本研究为了考察不同类型慢性病的影响，将各类慢性病同样操作化为二分虚拟变量，"患病"为1、"未患病"为0。相关变量指标设置，如表2-2所示。

[①] 任彦，《"头号杀手"暴露欧盟医保制度弊病》，《人民日报》（国际版）2015年1月6日，第2版。
[②] 《辽宁健康报告：约九成居民死于慢性病》，http://www.chinadaily.com.cn/dfpd/ln/2014-12/30/content_19199549.htm，最后访问日期：2021年3月17日。

非典型福利依赖：城市贫困者的就业选择与行动逻辑

表 2-2 相关变量指标设置

一级指标	二级指标	三级指标	指标设置	分布范围
就业福利	总体就业状况	就业状况1	二分（1是，0否）	[0, 1]
		就业状况2	三分（1有工作；2没工作，在找工作；3没工作，不打算找工作）	[1, 3]
	职业类型		五分（1办事人员；2商业服务业人员；3农民；4工人；5打零工/小时工）	[1, 5]
	工作性质		三分（1受雇的稳定工作；2受雇的不稳定工作；3自雇者）	[1, 3]
	就业保护	劳动合同状况	二分（1是，0否）	[0, 1]
		社会保险状况	二分（1是，0否）	[0, 1]
家庭福利	家庭人口结构	劳动人口数	连续数值型，家庭16~64岁人口数	[1, 5]
		家中有老人	二分（1是，0否）	[0, 1]
		家中有少儿	二分（1是，0否）	[0, 1]
	被照顾者状态	在学者最高教育层次	四分（0无在学者；1义务教育阶段及以下；2高中、职高；3大学及以上）	[0, 3]
		医疗支出比	连续数值型，除被访者外家庭他成员的自付医疗支出占家庭净支出的比例	[0, 0.886]
	家庭社会资本	网络规模	连续数值型，网络包含人数	[0, +∞]
		网络异质性	连续数值型，网络密度	[0, 1]
			连续数值型，职业类型数	[0, 19]
			连续数值型，单位类型数	[0, 10]
		网顶	连续数值型，最高职业得分	[0, 88]
国家福利	社会救助	救助水平	连续数值型，人均家庭年社会救助收入	[564, 29160]
		救助结构	连续数值型，低保收入占社会救助比例	[12.34, 100]
		救助时长	连续数值型，低保领取时长（年）	[0, 21]
	就业支持	就业支持	二分（1是，0否）	[0, 1]
		税收减免	二分（1是，0否）	[0, 1]
		小额贷款	二分（1是，0否）	[0, 1]
		就业培训	二分（1是，0否）	[0, 1]
		提供就业岗位	二分（1是，0否）	[0, 1]
		提供摊位	二分（1是，0否）	[0, 1]

续表

一级指标	二级指标	三级指标	指标设置	分布范围
人力资本	教育资本	受教育程度	五分（1 小学及以下；2 初中；3 高中；4 中专/职高技校；5 大专及以上）	[1, 5]
	健康资本	健康自评	二分（1 健康；0 不健康，但能自理）	[1, 2]
		重大疾病	二分（1 是，0 否）	[0, 1]
		慢性病	二分（1 是，0 否）	[0, 1]

第三节 理论视角：福利三角理论框架的建构

国家在福利提供中的角色地位是一个历史演进的过程。基于不同的历史背景和经济社会发展状况，国家角色做出了适时的调整。古典自由主义重视市场的力量，认为市场交换关系具有支配性地位。而工业革命时代，经济衰退导致了大量贫困问题的出现，此时社会政策扮演了"残补"的角色。在自由放任时期，强调市场自由和竞争，突出市场的力量，国家在解决"市场失灵"领域的作用有限。20 世纪六七十年代，进入后工业化社会以后，经济持续繁荣，为福利计划的扩张奠定了基础。随着凯恩斯主义的推行以及《贝弗里奇报告》的提出，福利国家纷纷建立，国家成为福利供给的主体。但是在 20 世纪 70 年代中后期，石油危机爆发，西方国家出现经济滞涨，人口老龄化和失业问题突出，人们对福利的需求增加，但经济的失败带来了严重的政治后果，国家难以维持高水平的福利支出，人们对国家的过度依赖导致了福利国家危机的产生，出现了"政府失灵"。在这样的背景下，福利多元主义产生，成为解决福利国家危机的重要理论范式之一，国家在福利供给中的地位从主导变为了责任主体之一，在强调国家供给的同时，指出市场和社会同样是重要的福利供给者。既不能完全依赖国家，也不能仅仅依靠市场，福利是全社会的产物，福利的供给具有多元主体。本节将对福利多元主义的缘起脉络进行梳理，在此基础上，重点回顾福利多元特别是福利三角理论，建构本研究的理论框架。

一　福利多元理论的源起

（一）从人道主义到公民权利

在工业化之前及工业化发展初期，社会福利理论与实践以自然权利理论为基础。自然权利理论认为，人生而平等自由，不能容忍基于地位、财产、收入或其他社会原因导致的非人待遇，强调个人自由选择的权利，其所主张的人权来源于人的道德性。出于人道主义的考虑，需要对遭受非人待遇的这部分人提供帮助。社会福利的理念和福利权利的思想，从其道德根源来看，正是出于人道主义的考虑。

在人道主义观念的支配下，慈善式救助成为西方各国社会福利政策的主要选择，以提供"剩余型"或"补缺型"的社会福利为主。慈善是人类应对贫困问题的主要措施。但是，这种慈善式的福利供给，体现了施与受的关系，是一种不平等的关系，这种不平等在社会福利实践中表现为"社会福利制度的实施对穷人的排斥和标签化效应：福利是作为对失败者的救济施与穷人的，人们一旦接受福利救济，就被标签为'无能者'"（钱宁，2004）。救济可能是使穷人"处于一种模糊的主体－客体、局外人－局内人、公民－外人等位置上"（厄内斯特、姆邦达，2005）。被救助者与施助者及其他社会成员之间存在不对称关系，穷人一味接受而不能付出的局面导致其处于低下而含混的地位。例如，英国的新济贫法一方面将救助看作社会和政府责任，另一面又强调个人应对自身负责，贫困是个人的失败，是一种"失能"。

随着工业化和社会进步，研究者逐渐放弃了形而上的人性论立场，转而从社会结构本身出发，从社会人性角度看待权利。这就是自然权利思想向公民权利思想转变的过程。"对贫困问题的认识，开始从贫困是'个人责任'发展到'社会结构论'，社会福利的观念也从'慈善'发展到'权利'（公民权利）观念"（钱宁，2004）。

（二）从公民权利到责任共担

1. 社会救助作为一项公民权利

自19世纪以来，以社会权利为核心的公民权利理论不断发展并在现实社会结构中得到实践。公民权利是一种资格，使个人有资格要求社会或国家对他负责，使其能够共享社会进步带来的好处。马歇尔是第一个系统阐述公民权利理论的福利思想家，其指出社会权利是公民权利的重要组成部分，包括"从最低限度的经济福利和安全的权利到充分地享有社会遗产和按照流行于社会的文明确化了的人的生活标准的权利"。他的研究为"福利国家"的兴起和发展奠定了理论基础，福利国家的普遍建立标志着公民社会权利的正式获得。

而社会权利的确立标志着公民权利的实现，也是对人们福利权利的肯定。当福利被看作公民的一项权利时，个人有权利在有需要的时候要求政府满足其合理的需要（周永新，1998；Liu and Kendig，2000）。基于此，"社会权利是以社会福利的实现为基本目标的普遍人权的表达"（钱宁，2004）。在《世界人权宣言》人权一栏中，要求国家或社会履行其对公民的福利责任，[①] 福利权利成为人的基本公民权。而贫困则是对公民社会权利的违背。从人权角度来看，贫困总是违背社会权，"一旦穷人被认为是受到伤害的群体，他们就应该获得索赔权，而政府、国际社会乃至最终每个公民要一起承担偿讨的责任"（萨内，2005）。社会福利制度与公民的社会权利密切相关，国家有责任提供必要的社会救济、津

---

① 《世界人权宣言》，https://ohchr. 02g/cH/UDHR/Pages/Language. espx？lang ID = chn，最后访问日期：2019年7月25日。

贴和福利等，来保障公民享受"体面的生活"，而公民有权利要求政府履行保障责任。公民所要求的福利和待遇不再是一种慈善救济，而是不可剥夺的权利。

2. 福利国家危机与责任共担

社会政策不是处于真空状态的，而总是置于一定的社会文化环境的，与当时的社会经济背景息息相关。福利政策以及国家福利责任的界定同样嵌入社会结构。20世纪70年代中期，西方国家爆发严重经济危机，经济发展缓慢，财政支出严重不足，贫困和失业问题日益严重，出现了严重的"福利国家危机"。经济全球化更是从根本上破坏了福利国家的政策基础。从工业社会向信息社会的转型要求福利制度转型，而福利国家的"全球化危机"正是福利制度滞后的结果。对就业问题而言，在福利制度的基础上确信失业是一种暂时状态，充分就业是福利经济的重要支柱，起到增加国家税收和降低社会福利支出的双重作用，就业率的高低对福利国家的正常运转至关重要。但是，长期失业局面的出现导致福利国家在应对不断增长的救济需求时显得无能为力。

"左派"和"右派"都对福利国家提出批判。其中，以哈耶克等为代表的新右派主张"把政府的干预限定在最低层面，让市场发挥更大的作用"（参见景天魁等，2009）。哈耶克认为竞争具有优越性，是最有效的方法，由市场所决定的分配是最公正的。他主张实行最低收入保障制度，认为这是应对遭受市场影响的弱势群体反抗的最有效的手段。哈耶克强调自由市场的重要性，强调个人责任。在社会保障领域，他强调应该尽可能发挥个人责任的作用，并指出由国家单一控制的社会保障制度会给个人责任意识的发展带来不利影响，倡导积极发挥市场和个人责任的作用。以新马克思主义为代表的左派同样对福利国家提出了批评，他们指出"矛盾在于资本主义不能与福利国家并存"（参见景天魁等，2009）。

在这样的背景下，福利多元主义被提出，成为解决"福利国家危机"的一个重要出路。福利多元主义的核心在于改变以往国家主导的福利供给模式，降低国家的作用，强调不同社会部门在社会福利供给上的责任共担。

二 福利三角理论框架

"福利多元主义是继古典自由主义、凯恩斯－贝弗里奇范式之后解决福利国家危机，于20世纪80年代新兴的理论范式。"（彭华民、黄叶青，2006a）它的核心理论观点在于强调人民福利的获得渠道具有多元性，获得的福利是多种制度提供的福利的总和。

基于不同的社会环境、经济形势和意识形态，学者对于福利多元主义的构成以及各主体功能的阐释存在差别。例如，自由福利国家模式突出市场的介入；保守主义强调家庭的价值；社会民主主义则主张国家的福利责任。但是从总体来看，福利多元主义的思想是有共通性的。1978年英国的《沃尔芬德的志愿组织的未来报告》最先提出了福利多元主义概念，主张将志愿部门引入社会福利供给（转引自彭华民、黄叶青，2006a）。罗斯（Rose，1986）首次明确论述了福利多元主义，提出市场、国家和家庭三个部门提供的福利总和构成了社会总福利，三者相互补充，此消彼长，一方的增长对其他方的贡献具有替代性。伊瓦斯（Evers，1995）在罗斯的基础上，发展了福利三角范式，指出应该在文化、经济和政治的背景下讨论福利三角，并将三角中的三方具体化为对应的组织、价值和社会成员关系（见表2-3）。福利三角中三方存在互动关系。市场提供就业福利，家庭通过个人努力、家庭保障和社区互助提供非正规福利，国家通过社会福利制度进行社会资源再分配，提供国家正规福利。三方的互动构成一个稳定、平衡的福利供给状态。人们的福利首先来自劳动力市场提供的就业福利和家庭提供的非正规福利，"只有当他们遭遇市场失败和家庭问题的时候，国家才发挥解决危机的作用"（彭华民，2006）。

表 2-3 伊瓦斯的福利三角框架

福利三角	组织	价值（文化/社会经济和政治背景）	关系（文化/社会经济和政治背景）
（市场）经济	正式的	选择自主	行动者和（市场）经济的关系
国家	公共的	平等保障	行动者和国家的关系
家庭	非正式/私人的	（微观）团结共有	行动者和社会的关系

资料来源：转引自彭华民，2007。

有学者在福利三分基础上进一步细分，加入志愿部门、民间社会、市民社会等，构成了第四个部门。例如，约翰逊加入志愿组织；吉尔伯特指出政府、志愿组织、非正式组织和商业组织四个部门共同构成福利供给主体。

尽管学者基于不同的研究对于福利多元的阐释不同，侧重点也有所差异，但是，其思想的核心均在于强调福利供给的多元主体性，资源的多元化，以及各主体之间的互动性。

通过大量的实地调查和走访发现，城市贫困者获得福利的主要渠道包括家庭、国家和部分的市场（就业）支持。来自社会（如慈善组织、社会团体、工会、社会组织等）的支持仍不充分，尽管在一些发达地区已经开始设置低保社工，为低保对象提供各种支持和服务，但从总体来看，来自社会团体、社会组织、慈善力量等的各类福利供给仍十分欠缺，不管是物质帮扶、现金资助还是服务支持，都十分不足。社会力量在城市贫困者就业以及生活中发挥的作用仍然无法与其他三个主体相比，不能被称为第四角。国家、家庭和市场仍是目前福利供给的主体。因此，本研究将福利三角理论作为研究的基本视角，探讨国家、市场和家庭在福利供给过程中的互动关系，特别是在接受国家救助福利的特定背景下，国家、家庭福利供给对于就业福利的影响以及三者之间的互动关系。

社会成员是福利三角互动模型中的行动者，嵌入社会结构和社会制度中，通过与不同的社会制度互动，建构不同的社会关系。个体通过进入劳动力市场就业，获得就业福利；通过与家庭成员以及家庭社会关系网络的互动获得非正式福利。当个体遭遇市场失败以及家庭出现问题无法提供支持甚至对其来说是负支持时，国家通过提供正规福利来降低风险，甚至可以通过正规福利的供给来修复市场和家庭的福利供给能力。

当然，我们还需要关注来自家庭外部的福利供给，特别是持续稳定的国家福利供给是否会降低城市贫困者的就业意愿以及工作积极性。外部福利供给是促进、维持还是抑制了城市贫困者及其家庭内部的福利供给呢？如果二者之间是抑制关系，则意味着外部福利供给（特别是国家福利供给，在本研究中主要指救助福利供给）带来了福利依赖（外部福利依赖）的风险；如果是维持甚至是促进关系，那么，我们需要进一步探讨这一福利供给方式是否有效，以及在哪些方面有效。

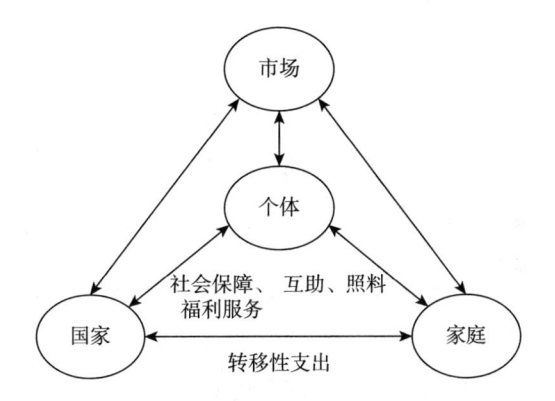

图 2-2　福利三角与个体行动者互动关系

第四节　模型建构与数据来源

一　模型建构

本研究在对相关理论和文献进行综述的基础上，基于福利三角视角，分析个体行动者在就业过程中就业福利是如何与家庭福

非典型福利依赖：城市贫困者的就业选择与行动逻辑

利和国家福利进行互动，最终影响就业结果的。本研究采用实证研究方法，主要利用微观实地调查数据展开定量分析。在实证研究之初，首先采用简单描述分析方法分析城市贫困者的就业状况，其家庭照料状况、家庭社会资本状况，接受社会救助状况以及对各种就业支持的利用状况。具体方法包括单变量描述分析以及双变量、多变量的描述分析，以此观察相关变量的分布状况、变量之间可能存在的关系，为进一步深入分析相关变量与就业福利之间的关系奠定基础。

在简单描述分析之后，本研究试图纳入诸变量，考察控制其他变量影响后，各变量对因变量的净效应。由于测量就业福利使用的主要变量"是否就业"以及"是否次级劳动力市场就业"均为取值 0 或 1 的虚拟二分类别变量，通常情况下可以采用二元 Logistic 回归进行建模。

二元 Logistic 回归模型为离散响应模型，因变量只有两种取值，考察的是自变量的变动对因变量取值概率的影响，即出现某种结果的概率（P）与不出现的概率（$1-P$）之比，用 odds 表示，即 $odds = \frac{p}{1-p}$。通过 Logit 变换，将 $0 \sim 1$ 区间变动的因变量转换为 $(-\infty, +\infty)$ 取之区间的 logit（P）。"大量实践证明，logit（P）往往与自变量呈线性关系。"（张文彤，2004）因此，以 Logit（P）为因变量，建构包含 p 个自变量的 Logistic 回归模型：

$$y = \text{logit}\left(\frac{p}{1-p}\right) = \beta_0 + \sum_{j=1}^{n} \beta_j x_j + \varepsilon_0 \quad \text{式（2-1）}$$

并推导出

$$P = \frac{\exp(\beta_0 + \beta_1 x_1 + \cdots\cdots + \beta_p x_p)}{1 + \exp(\beta_0 + \beta_1 x_1 + \cdots\cdots + \beta_p x_p)} \quad \text{式（2-2）}$$

$$1 - P = \frac{1}{1 + \exp(\beta_0 + \beta_1 x_1 + \cdots\cdots + \beta_p x_p)} \quad \text{式（2-3）}$$

该回归模型采用最大似然法解决方程的估计和检验问题，其中 y 为城市贫困者的就业状况。$y = 1$ 为就业，$y = 2$ 为未就业。X_i

为影响就业状况的自变量和控制变量。β_i 为回归系数，表示在其他自变量保持不变的情况下，该自变量每变动一个单位引起的因变量的变化。β_0 为常数项，ε_0 为随机误差项。

二　数据来源

本研究使用的数据来自完善社会救助制度研究课题组 2014 年实地调查数据。该数据在全国典型城市抽取样本，以问卷调查为主体，对城市贫困者的家庭、就业、生活、社会救助、社会保险以及社会认知等方面进行调查。调查涵盖城市和农村部分，本研究选取了其中的城市部分数据。

（一）调查设计

在抽样之初，考虑到社会救助制度、政策的区域差异性以及几个典型城市对于研究社会救助制度的重要性，首先对地级市、省会城市进行了限定。之后，抽样以保证样本的无偏和代表性为宗旨，通过四个阶段，分别在县（区市）、街道（乡镇）、居（村）委会、家户（个人）层面上进行不等概率抽样。第一阶段：以区（地级市、省会城市和直辖市的各大城区和郊区）、县（含县级市）为初级抽样单位。第二阶段：以街道、乡镇为二级抽样单位。第三阶段：以居委会/社区、村委会为三级抽样单位。第四阶段：以家庭住户并在每户中确定 1 人为最终抽样单位。由于社会救助对象的特殊性，实际抽样中的户内人口数以政策规定的受保障对象家庭人口为依据。

根据行政区划资料，全国（22 个省、4 个自治区、4 个直辖市；不含港澳台）共有 2801 个区县单位，将这些区县单位作为初级抽样单元构成调查总体。基于中国社会救助水平具有极大区域差异性的特点，在具体操作中考虑到人力、物力、财力等因素，根据东部、中部、东北，划分为 3 个抽样框。东部、中部、东北各选取 S 市、W 市和 C 市，分别获取各自的区县名单进行抽样。考虑到存在人户分离、外出务工等无法调查的情况，按照与初选抽取样本4∶1的比例确定替换样本，以保障抽样的均衡性。在个人层面，每个样本户中随机选择户内家庭成员作为主要受访者，对他（她）进行访问。

具体调研阶段，为了保障调查质量，对调研的过程进行了严格的控制。首先在W市内选取两个调查点进行试调查，一方面对问卷中可能出现的问题进行修正；另一方面可以提高访问员的调研水平，并积累经验。在调研中，注重实地控制，将自查、总结与抽查相结合，及时发现问题并进行纠正。在数据整理阶段，对数据进行逻辑检查，对其中的缺失值、异常值、逻辑关系错误等进行检验和必要修正，提高数据的可靠性。

（二）数据说明

经过汇总统计和问卷筛选，最终回收有效问卷1052份。由于本研究的研究对象为处于劳动年龄段的城市贫困者，根据限定条件进行筛选，最终得到有效样本595份。

第三章　城市贫困者就业状况实证分析

本研究将就业福利操作化为就业状态和就业质量,并从职业类型、工作性质、就业保护几个方面对就业质量进行分析。就业是获得就业福利的门槛,在初级劳动力市场就业还是在次级劳动力市场就业则直接关系就业福利的质量。另外,本章还将对未就业者基本状况进行分析,探索不就业的原因,寻找可能的影响因素,为后文的分析奠定基础。

第一节　总体就业状况分析

表3-1呈现的是城市贫困者的总体就业状况。本研究分析发现,城市贫困者在就业方面的主要特征体现在有工作者的比例严重偏低。在这些人群中,失业、无业者仍是主体。在主体数据中,被调查者中仅有24.37%的人有工作;有11.43%的人没有工作,但目前正在找工作;而超过六成(64.20%)的被调查者既没有工作,也没有找工作的打算。从总体上看,工作意愿并不强烈。

表3-1　总体就业状况描述统计($N=595$)

单位:人,%

就业状况	城市贫困者	
	频数	比例
有工作	145	24.37

续表

就业状况	城市贫困者	
	频数	比例
没有工作，在找工作	68	11.43
没有工作，不打算找工作	382	64.20

一 性别与就业状况分析

比较男性和女性受助者的就业状况可以发现，在城市低保群体中，男性和女性受助者的就业状况不存在显著差异（$p=0.757$）。分析就业比例可以发现，男性有工作的比例略高于女性（分别为 25.25% 和 23.83%）。同时，在没有工作的受助者中，男性在找工作的比例也高于女性（分别为 12.12% 和 10.74%），总体上男性的就业意愿高于女性（见表3-2），这可能与中国传统观念中的"男主外，女主内"的社会分工有一定关系。但二者差别并不显著，基于性别差异的家庭分工可能逐渐被基于家庭经济共担的责任分工替代。

表3-2 分性别就业状况描述统计（$N=595$）

单位：%

就业状况	男（$N=297$）	女（$N=298$）
有工作	25.25	23.83
没有工作，在找工作	12.12	10.74
没有工作，不打算找工作	62.63	65.44

二 婚姻与就业状况分析

婚姻是家庭的基础，稳定的婚姻能够为家庭提供更多支持，也意味着家庭责任的共担。分析发现，未婚受助者有工作的比例最低，其次是离婚单身群体（见表3-3）。这可能部分与样本结构特征有关。研究发现，在不同婚姻状态下受助者的健康状况存在显著差异，不健康的比例呈现"已婚有配偶—丧偶单身—离婚单身—未婚"的增长序列。未婚受助者的年龄结构虽然呈偏年轻化的状态，但健康方面却向不健康明显倾斜，婚姻状况不理想的背后可能是诸如健康等其他因素在发挥作用。

研究还显示，总体上丧偶单身者的就业比例最高，尽管总体健康状况不如已婚者，但是缺少了婚姻保护的丧偶者需要承担更多的家庭责任，这可能是丧偶者就业比例最高的一个原因。

表3-3 不同婚姻状况者就业状况描述统计（$N=595$）

单位：%

就业状况	未婚	已婚有配偶	离婚单身	丧偶单身
有工作	4.94	26.97	26.55	35.56
没有工作，在找工作	4.94	12.64	12.39	11.11
没有工作，不打算找工作	90.12	60.39	61.06	53.33

而男女两性在婚姻中的角色以及在家庭责任的分担上存在差别。上文的分析已经表明，男性比女性的就业比例更高、就业意愿更强。而处于不同婚姻状态的男性和女性的就业状况同样存在差异。分析显示，男性在婚姻中承担更多的"主外"的责任，包括"养家糊口"的责任。基于性别比较后发现，女性已婚有配偶者有工作的比例比离婚单身者低13.68个百分点（分别为21.74%、35.42%），离婚后的女性面临着独自承担家庭责任的压力，工作的可能性更高；而男性则相反，已婚有配偶者有工作的比例高于离婚单身者12.56个百分点（分别为32.56%、20.00%）（见表3-4），离婚的男性可能由于缺少妻子在家庭照顾责任上的分担，而面临更多的家庭内部责任，从而影响了其就业。

表 3-4　分性别不同婚姻状况和就业状况描述统计（$N=595$）

单位：%

就业状况	女（$N=298$）				男（$N=297$）			
	未婚	已婚有配偶	离婚单身	丧偶单身	未婚	已婚有配偶	离婚单身	丧偶单身
有工作	3.45	21.74	35.42	35.14	5.77	32.56	20.00	37.50
没有工作，在找工作	0.00	13.59	6.25	10.81	7.69	11.63	16.92	12.50
没有工作，不打算找工作	96.55	64.67	58.33	54.05	86.54	55.81	63.08	50.00

三　年龄与就业状况分析

各年龄段就业状况比较分析显示，"40""50"人员仍是其中的就业主力，就业比例最高，分别占到 30.50% 和 23.04%。而 18~29 岁和 60~65 岁受助者就业率较低，仅分别占到 10.71% 和 9.09%（见表 3-5）。由于我国对于老年的界定标准与国际标准有差异，以及退休年龄的多重标准，60 岁及以上男性人口和 50 岁及以上女性人口进入退休阶段，可以领取养老保险金，因而可以不再工作。因此，部分 60 岁及以上男性和 50 岁及以上女性受助者不再工作。但由于存在生活贫困或者没有缴纳养老保险等不能正常退休的情况，仍有 60 岁及以上男性和 50 岁及以上女性受助者在工作。至于 30 岁以下受助者的低就业率则可能与他们仍在接受教育有关。根据生命周期理论，在不同年龄阶段人扮演着不同角色，面临不同任务，在各个年龄段经受的事件、面临的压力和选择存在差异。因此，尽管初步分析显示各年龄组之间存在显著差异，但对于年龄背后的意义仍需要进一步研究。

表 3-5　分年龄就业状况描述统计（$N=595$）

单位：%

就业状况	18~29 岁	30~39 岁	40~49 岁	50~59 岁	60~65 岁
有工作	10.71	16.39	30.50	23.04	9.09
没有工作，在找工作	3.57	11.48	13.48	10.47	6.06
没有工作，不打算找工作	85.71	72.13	56.03	66.49	84.85

分性别考察年龄与就业之间的关系可以看到，女性和男性在各年龄段的就业状况存在差异（见表3-6、表3-7）。女性城市贫困者的就业年龄峰值出现在40~49岁，即通常意义上的"40"人员。在以往对于下岗职工的研究中，对于"40""50"人员的界定通常为劳动年龄段中女性在40岁及以上、男性在50岁及以上的就业困难群体，这部分人是重点失业人群，相对于其他低年龄段就业群体，他们往往面临更多的就业障碍。但是，调查发现在城市低保受助群体中，"40"女性的就业比例反而更高，男性同样以"40"人员为主。

对这一现象的可能解释来自这一年龄段的受助者的家庭结构。"40"人员出生年份基本在1970年前后，根据刘娟、赵国昌（2009）基于CGSS 2005数据的推算，中国1965~1974年出生的城市男性初婚年龄区间为［25，26］岁，女性在［22.1，22.4］岁，男女相差3岁左右。而女性初育年龄在［22.01，22.55］岁（陈友华，1991），以此推算，"40"人员家庭的一个重要特点可能是子女处在非义务教育阶段，并有很大概率处在大学阶段，教育支出是家庭支出的最大构成部分。进入大学后教育支出激增，同时贫困家庭更容易将脱贫希望寄托在子女身上，这共同构成了"40"人员工作的压力和动力。

与初婚年龄差一致，男性就业年龄峰值可能出现适度后移，在部分教育支出占比较大的家庭中男性进入"50"人员队伍。"40""50"人员仍是就业主体年龄段。

另外，受中国退休制度影响，一般来说，男性工人退休年龄为60岁，女性工人退休年龄则为50岁。是否到达退休年龄往往成为城市群体主观认定其是否进入老年的一个重要标准。这也可能是造成男性和女性"50"人员就业率差别的一个重要原因。

表 3-6　女性分年龄就业状况描述统计 （$N=298$）

单位：%

就业状况	18~29 岁	30~39 岁	40~49 岁	50~59 岁	60~65 岁
有工作	20.00	20.51	28.66	17.74	11.11
没有工作，在找工作	0	2.56	14.02	12.90	0
没有工作，不打算找工作	80.00	76.92	57.32	69.35	88.89

表 3-7　男性分年龄就业状况描述统计 （$N=297$）

单位：%

就业状况	18~29 岁	30~39 岁	40~49 岁	50~59 岁	60~65 岁
有工作	0	9.09	33.05	25.58	6.67
没有工作，在找工作	7.69	27.27	12.71	9.30	13.33
没有工作，不打算找工作	92.31	63.64	54.24	65.12	80.00

总之，对于各年龄段就业比例差异的分析，既要考虑到受年龄影响的身体健康状况，还要考虑到不同年龄段往往意味着不同的生命历程，这种生命事件既是个人的，也与整个家庭结构相关。在家庭之外，年龄还具有社会属性，与社会制度和社会结构相联系。这为研究的进一步展开提供了思路，即家庭生命事件与社会制度可能是影响受助者就业的重要因素。因此，本研究在后文将分别纳入相关因素进行考察。

四　地区与就业状况分析

由于我国低保救助政策和救助标准的地区差异性，以及地区经济社会发展差异，不同地区、城市的贫困者的就业行为可能存在不同。分析发现，本研究选取的三个调查点（市、W 市 S 市）在就业状况上不存在统计意义上的显著相关性，但通过分析就业比例仍可看出三者之间的不同，C 市的就业比例高于 W 市和 S 市（分别为 30.88%、21.41% 和 13.04%）（见表 3-8）。这可能与三地的低保救助标准、就业机会、救助金与工资收入之间的差距有关。在完善社会救助制度研究课题组（以下简称课题组）调查时，C市、W市和S市的城市低保救助标准分别为家庭人均375元/月、560元/月、650元/月。除低保救助，与之捆绑的其他救助在地区之间同样存在差异。课题组调查发现，C市、W市和S市以家庭为单位，年实际领取到的社会救助金分别为8762.87元、11840.85元和24772.05元，平均到每个月，分别为730.23元、986.74元、2064.34元。低保金的差异、低保捆绑政策导致的实际救助福利获得的差异，可能是三地就业状况存在差异的原因。对于救助福利导致的就业行为的差异，笔者将在后文具体分析。

表 3-8　分地区就业状况描述统计（$N = 595$）

单位：%

就业状况	C市	W市	S市
有工作	30.88	21.41	13.04
没有工作，在找工作	11.06	11.83	8.70
没有工作，不打算找工作	58.06	66.76	78.26

第二节　就业质量

前文指出影响就业质量的首要指标是"是否次级劳动力市场就业"。但是实证分析发现，几乎不存在初级劳动力市场就业的城市低保就业者，"次级劳动力市场就业"是城市低保就业者的典型就业特征，这一群体的就业质量普遍较低。在次级劳动力市场就业中同样存在差异。

一　职业类型分析

分析目前就业者的职业状况可以发现，大部分就业者从事的是不稳定的工作,如打零工/小时工,占比为46.21%(见表3-9)。工作时间的不确定性可能导致收入的波动,还可能导致兼职工作难以实现,家庭经济的不安全性极大增加。同时,这种非稳定就业还可能带来工作与生活的冲突,如工作时间的不确定性使就业者无法承担家庭责任,从而导致就业者面临工作不稳定、家庭经济波动以及家庭责任缺失的局面。另有31.72%的就业者从事的是商业服务业领域的工作,有11.03%的就业者是工人,另有1位(0.69%)城市贫困者是农民,可能是特殊原因的户口迁移的结果。仅有10.34%的就业者为办事人员,具体分析他们的职业还可以发现,其中,近67%为安保人员,这部分人尽管在机关或企事业单位工作,但从事的仍是底层的非专业技术性劳动,工资水平与其他就业者也无明显差异;另外的33%从事的也是非技术性工作,且多是公益性岗位。通过对就业者职业状况的分析可以看出,城市贫困者即使就业,从事的也是低层次的工作,处于次级劳动力市场,职业类型底层化趋势明显。

表3-9 城市贫困从业者职业类型描述统计($N=145$)

单位:人,%

职业类型	频数	比例
办事人员	15	10.34
商业服务业人员	46	31.72
农民	1	0.69
工人	16	11.03
打零工/小时工	67	46.21

二 工作性质分析

从就业者对工作性质的陈述中可以发现,大部分人认为自己目前的工作属于"受雇的不稳定工作",占比为69.93%(见表3-10)。认为自己的工作是"受雇的稳定工作"的占比仅为

22.38%。另有少数的就业者属于自雇者（占比为7.69%）。但从调查中可以看出，这种小生意几乎由家庭自营，属于没有雇员的小成本经营。

表3-10 城市低保从业者工作性质描述统计（$N=143$）

单位：人，%

工作性质	频数	比例
受雇的稳定工作	32	22.38
受雇的不稳定工作	100	69.93
自雇者	11	7.69

工作持续期是衡量工作稳定性的重要变量。分析目前工作的持续期发现，近半数就业者目前的工作做了不到1年，甚至有33.57%的就业者目前工作的持续期仍在半年及以下。一份工作能持续5年以上的仅有21.69%。从总体上来看，就业者能够持续做一份工作的时间并不长，这再次验证了上文的结论，大部分城市贫困者从事的是受雇的不稳定工作。

表3-11 城市低保从业者工作持续期描述统计（$N=143$）

单位：人，%

工作持续期	频数	比例	比例
[0, 0.5] 年	48	33.57	47.56
(0.5, 1] 年	20	13.99	
(1, 2] 年	13	9.09	30.76
(2, 5] 年	31	21.67	
(5, 10] 年	24	16.79	21.69
10年以上	7	4.9	

三 就业保护状况分析

劳动合同和社会保险是保护就业者权力和利益的主要政策。

2008年1月1日，我国开始施行《中华人民共和国劳动合同法》，要求用人单位与劳动者之间应当订立书面劳动合同；对于非全日制用工，双方可以订立口头协议。这是保护劳动者合法权益的法律武器。但是分析发现，近半数就业者没有签订任何形式的劳动合同，有32.86%的就业者认为自己不需要签订劳动合同，仅有14.29%的就业者签订了固定期限劳动合同（见表3-12）。

在保险福利方面，尽管大多数的就业者属于受雇者，但是很少有单位为他们购买社会保险，特别是全面的社会保险，即俗称的"五险一金"。笔者分析发现，只有21.09%的单位为就业者缴纳了保险，其中，16.44%缴纳了养老保险、14.97%缴纳了医疗保险、缴纳其他类型保险的均不足10.0%（见表3-13）。总体来看，就业者的保险福利不足。

表3-12 城市低保从业者劳动合同签订状况描述统计（$N=143$）

单位：人，%

劳动合同签订状况	频数	比例
没有劳动合同	67	47.86
固定期限劳动合同	20	14.29
无固定期限劳动合同	7	5.00
不需要劳动合同	46	32.86

表3-13 城市低保从业者社会保险单位缴纳状况描述统计（$N=143$）

单位：%

保险福利	有	无
单位缴纳保险	21.09	78.91
养老保险	16.44	83.56
医疗保险	14.97	85.03
失业保险	7.48	92.52
生育保险	5.44	94.56
工伤保险	5.44	94.56
住房公积金	2.04	97.96

从就业者职业类型、工作性质、工作持续期、就业保护状况等方面分析可以发现，城市贫困者的就业状况很差，即使就业，其从事的仍以低端、体力或半体力劳动为主，就业状况不稳定，持续期短，缺乏就业保护。对于城市贫困者来说，即使就业，依照目前的就业状况，能否通过就业实现脱贫，尚存在疑虑。另外，我们可能要考虑另一种可能，即通过就业实现脱贫的城市贫困者并未被纳入课题组的调查范围，因而出现了被调查者偏差。如果确实存在这种情况，那就业脱贫的通道可以说是可行的且是畅通的。从走出贫困的角度来看，不仅要实现就业，而且要实现有质量的就业，才能实现脱贫的目标。

第三节　未就业者状况分析

对于未就业原因的回答，大部分被调查者倾向于选择"不可抗因素"（占比为72.38%），其中因个人健康未就业的最多，占比为36.75%，而选择"丧失劳动力能力"的占比为22.49%。将二者归结为健康要素可以发现，这部分占比达到了59.24%。由此可见，身体是否健康可能是影响被调查者就业选择的最重要原因。体制因素（单位，如下岗、企业破产、改制，承包土地被征用）导致未就业的占比为15.59%。"个人技能不足"导致没有工作的仅占6.01%（见表3－14）。

本研究对于未就业归因的分析显示，大部分未就业者倾向于认为是不可避免的原因，特别是健康原因，导致了其目前的失业状况，这些因素具有不可控和不可预测性。从另一个角度来看，这样的回答也反映了被调查者对当前失业状况责任的认定，即最大的责任不在政府，也不在个人，而在于无法归咎的不可控因素。对个人就业责任的无意识是不是就业意愿不足的内在原因呢？健康归因是不是个人逃避责任、依赖福利的一种策略选择？健康作为一种人力资本，是个人可行能力的重要衡量指标，这是以客观健康状况为基准的。但是，在健康归因中，健康更多是一种主观表达，主观与客观健康之间是否一致，健康归因又是否有其他意义呢？基于实地调研中的观察和访谈，对于这个问题我们不禁要打一个问号。因为在实地调研中经常遇到如下这样的问题。

表 3–14　城市贫困者未就业原因分析（$N = 449$）

单位：%

未就业原因		比例	比例
不可抗因素	丧失劳动能力	22.49	72.38
	料理家务，照顾家人	13.14	
	个人健康	36.75	
体制因素	单位	15.37	15.59
	承包土地被征用	0.22	
个人技能不足		6.01	6.01
离退休		1.78	1.78
其他		4.23	4.23

　　访问员：您（社区低保专干）所在的社区有没有向低保对象推荐工作呢？

　　低保专干：有啊……但有时候他（她）不去，说身体有毛病，不能做工。都是些小毛病，高血压呀、胸闷啊，还有的说虚弱、没劲啦。反正就是不能工作。他（她）身体不舒服，我们也不能强要他（她）去啊。

对于低保对象真实的健康状况，社区低保专干似乎是存在疑虑的。这也引起了笔者的思考，城市贫困者对于健康真实意思表达是什么？这与实际健康状况之间是何种关系？在健康问题的社会学研究中，健康自评是一种常用的测量方法，这种主观健康自评的测量方法在不同阶层、不同人群的测度中是否存在差异？特别是置身于特定情境（对贫困状况的调查）、健康状况与自身利益相关时,健康自评是否会存在偏差?同时,这引出了另一个问题,我们可以看到,在目前的低保政策中并没有对于就业能力或者健康状况的评估,这也给贫困者就业责任认定造成了困难。这一问题的模糊化是否更可能导致未就业健康归因呢?再者,就业能力问题模糊化也使得对福利依赖的判断变得困难。对于这些问题,后文将尝试进行解释,也将尝试变换视角寻找解决思路。

在前文的分析中,我们发现男性和女性在就业状况上存在差异,而家庭分工可能是一个重要的影响因素。在本部分,笔者再次对性别之间的差异进行考察,可以发现,男性和女性在未就业的原因上具有一定的趋同性,即均以不可抗因素为主(女性占比为73.69%,男性占比为71.04%),而健康因素(个人健康、丧失劳动能力)又是其中的主因(女性占比为51.32%,男性占比为67.42%),从大类(不可抗因素)看,男女之间不存在显著差异(见表3-15)。当对不可抗因素细分的时候我们看到了显著的差异($p=0.000$),尽管均属于不可抗因素,但是女性由于"料理家务,照顾家人"而未就业的比例远远高于男性(22.37% vs 3.62%),而男性则更多是个人健康因素导致的未就业。

表3-15 分性别城市贫困者未就业原因分析 ($N=449$)

单位:%

未就业原因	女性	男性	未就业原因	女性($N=228$)	男性($N=221$)
不可抗因素	73.69	71.04	个人健康	28.95	44.80
			丧失劳动能力	22.37	22.62
			料理家务,照顾家人	22.37	3.62
体制因素	13.60	17.65	单位	13.60	17.19
			承包土地被征用	0.00	0.45
个人技能不足				5.70	6.33
离退休				2.19	1.36
其他				4.83	3.62

由此可以看出，家庭社会分工的差异将部分女性困在家庭内部，阻碍了其外出就业。对于这一问题需要进一步审慎对待，是由于没有工作才在家处理家务，承担照顾责任，还是反之。因果顺序的不同可能导致相异的研究结论和政策导向。如果家务与照顾责任是因，那么需要回到一个经典的讨论，女性的家务劳动是否应该被纳入就业？恩格斯基于家庭起源的视角论述了两性分工，指出分工是自然产生的，男主外、女主内也是自然产生的。其实，在选择家务劳动还是就业的问题上，劳动者是一个理性的决策者，是对总体福利衡量之后做出的理性选择。已有的工作 - 家庭冲突研究表明，当性别角色分工的差异造成男女两性面临工作 - 家庭冲突时，其在就业选择上具有显著差异性。女性在这一过程中更可能因为家庭放弃工作的机会（姜佳将，2015）。这不只是对货币收入的计算，还包括了对非经济因素（如健康、闲暇等）的考量。选择减少外部劳动供给是人们对家务劳动及闲暇对工作替代率进行比较后得出的结果。如果女性的家务和照料付出增进的家庭总体福利能够高于外出就业得到的收益，那么，不就业就是理性的。从福利的角度来看，应该将家务劳动纳入就业。

但问题在于，可能家务劳动与照顾是果，而未就业是因。如此，问题的性质就发生了变化。受访者在不能就业时，可能存在将未就业归结为不可抗因素的倾向，如健康、家务。而课题组调查得到的反馈证实了这种可能。在对一位基层低保工作人员的访谈中，就听到了这样的一种反馈。

> 有很多人没有任何问题，他（她）就是不去工作，说要照顾孩子。孩子1岁的时候，说要照顾孩子；孩子3岁、5岁，还说要照顾孩子；孩子10岁上小学了，还是说要给孩子做饭；15岁读初中了，还要给孩子做饭。

这提醒我们，因家务不能就业很可能是一个伪命题。将未就业原因归结到不可抗因素，很可能是逃避个人就业责任的一种手段。

第四节　结论

本章对城市贫困者就业状况展开了分析，可以发现，在就业方面存在以下几个突出的问题。

第一，城市贫困者的就业比例较低。仅有 24.37% 目前在工作，也就意味着超过七成的受助者目前没有工作，被劳动力市场排斥在外。这是他们受到的第一重排斥。

第二，就业质量差。城市贫困者中的从业者在就业过程中呈现职业类型底层化、工作不稳定、工作性质以体力为主，以及就业缺乏保护的特征。具体分析其职业类型可发现，打零工/小时工占了主体部分，另外还有大量人员从事商业服务业，如保洁、保安、物业、促销、搬运等。这些职业基本处于职业等级序列的最底层。以打零工/小时工为主的工作特性就决定了其职业具有极大的不稳定性，很难长期从事同一份工作。而在就业保护层面，劳动合同的签订率不足 20%，用人单位缴纳社会保险比例仅为 21.09%，就业得不到保障。劳动力市场分割理论认为在劳动力市场存在二元结构，即初级劳动力市场和次级劳动力市场，二元结构带来"职业隔离"，即弱势群体往往是城市商业服务业中"从事低薪职业的主要劳动力后备军之一"（林闽钢，2007）。城市贫困者被锁定在这些职业，形成了"职业隔离区"，一旦进入就难以逃脱，而工资只能让其在贫困线徘徊。劳动力市场内部的职业排斥是他们面临的第二重排斥。

第三，就业意愿不足。仅有一成多的未就业者目前在找工作，大部分的城市贫困者没有工作，也没有找工作的打算。从表面上看，就业意愿的不足反映了城市贫困者的自我排斥，他们主动将自己排斥在劳动力市场之外，不去找工作。

而这一就业现状在不同年龄、性别、婚姻状况以及地区之间存在不同，甚至具有显著的差异。这就促使我们不得不思考这一背后的复杂因素。

家庭作为一个主体，首先纳入考虑范畴。家庭责任可能是影响低保群体选择就业或不就业的重要因素。家庭意味着责任的共担与分工。在由夫妻双方及其他家庭成员组成的完整家庭中，男性往往承担更多的就业责任，同时，女性承担更多的家务责任。这种"男主外，女主内"的家庭性别分工实现了家庭责任的分担，这种"以家庭中的男女分工所表明的分工、合作、义务是一种文化共识"（罗红光，2013），是家庭福利关系和增权关系的体现。具体分析可以发现，就家庭而言，男性承担更多就业责任。在面临家务与就业的双重责任时，家庭可能更多选择男性就业、女性照料家务，这造成了完整家庭中男性就业比例高于女性的局面。而当离异、丧偶时，男性不得不兼顾就业与家庭的责任。二者的冲突导致部分男性贫困者做出取舍。相比女性，在离婚单身状态下，男性就业比例降低，而在丧偶单身状态下，男性就业比例提高。这可能又与两种状态下关于抚养责任的分配有关。这需要进一步研究离异后子女抚养权是更多归于父亲还是归于母亲。依据现有的数据，本研究仅能得出，婚姻中的两性在面临不同的责任时，扮演着不同的角色的结论。婚姻是家庭关系的体现，也是家庭结构的基础。从婚姻的角度出发，本研究将继续探讨家庭在城市贫困者就业中发挥的作用。

与婚姻类似，年龄往往与生命事件相联系，也与生命历程中不同的责任分配相关。人在中年时，一般都承担着抚养子女与赡养老人的双重责任。在就业上，也许责任即动力。因为本研究发现，相当部分的受助者有着各种各样的健康问题，制约着他们的就业，但是家庭负担过重，可能导致其不得不就业。这也可能是"40""50"人员群体就业比例反而略高的原因。但是，家庭负担可能也意味着照料需要的增加，是否由于照料责任而制约就业，也是一个需要考虑的方面。将各年龄段与可能经历的生命事件相联系，来探索年龄背后更深层次的原因，是本研究后面要进行的工作。

另外，中国各地区之间在经济社会发展水平上存在较大差异。基于中国低保线确定与地方财政相挂钩，以及地区间消费水平、生产能力的差异，除了要考虑生活成本、消费结构还要考虑地区低保政策的差异。福利国家给我们提供了一个思考的新角度，随着国家福利供给特别是救助福利供给的不断增加，福利依赖行为是否会有所增加呢？除救助福利外，地区之间在其他政策，特别是就业政策上的差异也是导致地区就业差异的原因吗？在国家政策之外，地区之间的就业机会、就业环境可能也是一个需要考虑的方面。从地区差异的角度出发，也许可以发现宏观、中观层面的因素同样在影响就业，这也是在后文需要探讨的。

当然，我们通过简单的交叉分析和卡方检验，只能指出当前研究发现的一种可能解释，但我们仍能隐约地捕捉到家庭在城市贫困者就业中扮演的重要角色。家庭照顾和家庭责任可能成为就业的驱动力，也可能成为受助者外出就业的阻力。家庭内部的状况如何，以及家庭提供福利的能力，可能成为影响就业结果的重要因素。同时，国家政策、就业环境的差异同样可能导致城市贫困者就业行为选择上的差异。但对于影响的方向或趋势，则需要进一步深入研究。正是基于对这些基本状况的分析，本研究发现了在经典的人力资本与就业模型之外，对于城市贫困者来说，还可能有别的机制在发挥作用。在一般意义上，基于就业意愿、领取救助时长视角，个体福利依赖行为同样存在着复杂的机制，使得人们对福利依赖的讨论变得困难，这正是在后面几章中需要做的工作。

第四章　个体人力资本与城市贫困者就业

本章基于人力资本和健康资本两个层面，先描述城市贫困者人力资本的基本状况，在此基础上进一步考察作为行动者的城市贫困者具有的人力资本对就业的影响。

第一节　个体人力资本基本状况

一　教育资本

研究发现城市贫困者近八成完成了义务教育，但是受教育水平整体较低，以初中水平为主，占比为45.97%；初中及以下占到66.10%（见表4-1）。已有的关于教育与职业以及教育与收入关系的研究，大多倾向于认为受教育程度越高，从事的职业越好（在职业等级序列中的位置越好），收入往往也越高。教育具有正向的回报率。而城市贫困者的低受教育水平往往意味着低工资、低就业，失业、无业风险大。对于这一点，我们从对就业状况的分析和城市贫困者身份的认知中可以获知。但必须承认的一点是，在城市贫困者内部，即使仍以低受教育程度者为主体，但其受教育程度具有差异。不可否认，少部分大专及以上受教育水平者，同样陷入了贫困（5.37%），但是与其他受教育程度群体相比，受教育程度为大专及以上者陷入贫困的比例明显低很多。

表4-1 受教育程度基本状况描述统计（$N=595$）

单位：人，%

受教育程度	频数	比例
小学及以下	120	20.13
初中	274	45.97
高中	123	20.64
中专/职高技校	47	7.89
大专及以上	32	5.37

二 健康资本

健康是最重要的人力资本之一，健康的身体是工作和就业的重要保障。在前文的分析中也发现，大部分未就业者将原因归结为健康水平低，疾病和身体的不健全成为阻碍就业的重要因素。那么，城市贫困者的真实健康状况如何呢？本部分将从主观和客观两个方面来分析。

卡方检验显示，主观健康状况与客观健康状况之间具有显著的相关性（$p=0.000$），从交叉分析也可以看出，有重大疾病者以及有慢性病者更倾向认为自己不健康，也有部分没有慢性病或重大疾病者同样认为自己不健康（30.86% vs 38.13%），或者反之，患了慢性病或重大疾病而认为自己身体健康（38.89% vs 23.76%）（见表4-2）。健康自评总体上是对客观患病情况的真实表达。

表4-2 主观健康状况与客观健康状况相关分析表（$N=595$）

单位：%

健康状况	慢性病 无	慢性病 有	重大疾病 无	重大疾病 有
健康	69.14	38.89	61.87	23.76
不健康，但能自理	30.86	61.11	38.13	76.24

分析发现，不论从主观方面还是从客观方面来看，城市贫困者的健康状况均不佳。从主观的健康自评来看，有44.46%的被调查者认为自己目前身体"不健康，但能自理"。另有55.54%的被调查者认为自己"健康"。这与慢性病患病率基本接近，有54.55%的被调查者有慢性病，而患重大疾病的比例较低，为17%（见表4-3）。

表4-3 健康状况描述统计（$N=595$）

单位：%

健康状况	健康自评	疾病状况	重大疾病	慢性病
健康	55.54	无	83.00	45.45
不健康，但能自理	44.46	有	17.00	54.55

已有的研究表明，慢性病是影响人类健康和死亡的最重要因素之一。来自辽宁的数据显示，辽宁省城市死亡人口中有84.8%是慢性病导致的，[①] 其中恶性肿瘤、心血管疾病是最主要的致死慢性病因。本研究发现，心血管疾病、骨科疾病和肿瘤疾病同样是贫困群体的高发慢性病（见表4-4）。多重响应分析显示，在城市贫困者中，发病率最高的慢性病为心血管疾病，占慢性病总体的23.70%，主要为心脏病、高血压、高血糖、脑血栓等。第二为骨科疾病（9.70%），比较高发的是腰椎间盘突出、关节炎等。第三为肿瘤疾病（9.10%），主要是各类癌症。前文的分析已经指明，城市贫困者从事的非农工作以体力劳动为主，从事的职业也以打零工/小时工（如保安、保洁、物业、保姆、服务员等）为主。这类职业对健康状况的要求更高。而心血管疾病、骨科疾病极大地限制了慢性病患者从事这些职业的可能性。这可能成为就业比例低的重要原因。

---

① 《辽宁健康报告：约九成居民死于慢性病》，人民网辽宁频道，http://ln.people.com.cn/n/2014/1230/c340418-23385856.html，最后访问日期：2021年3月17日。

表4-4 各类慢性病发病状况多重响应分析

单位：人，%

慢性病	频数	比例	个案比例
心血管类	78	23.70	29.90
骨科类	32	9.70	12.30
肿瘤类	30	9.10	11.50
内分泌类	29	8.80	11.10
神经类	25	7.60	9.60
肝胆类	25	7.60	9.60
风湿免疫类	21	6.40	8.00
胃肠类	20	6.10	7.70
呼吸类	17	5.20	6.50
肾病类	14	4.30	5.40
妇科类	12	3.60	4.60
精神类	8	2.40	3.10
血液类	5	1.50	1.90
皮肤类	4	1.20	1.50
耳鼻喉类	2	0.60	0.80
泌尿类	1	0.30	0.40
其他	6	1.80	2.30
合计	329	100.00	126.10

第二节 人力资本研究假设

新古典经济学中的人力资本理论的核心观点在于：劳动者自身人力资本的多寡决定了其在劳动力市场中的就业过程和结果。

假设：人力资本影响就业福利的获得。城市贫困者的人力资本含金量越高，其实现就业的可能性越大。

人力资本是衡量劳动者与就业岗位匹配度的最重要指标，具备符合劳动力市场要求的人力资本条件是能够实现就业的基础。在就业问题的研究中,人力资本一直被当作最重要的变量,是否具有足够的知识、技能、体力,是雇佣者判断劳动者能否胜任工作的重要指标。

假设4(1)a:城市贫困者的受教育程度越高,就业的可能性越大。

假设4(1)b:同一教育层次,上过中专/职高技校者就业的可能性大于仅上过高中者。

假设4(2)a:城市贫困者健康自评越好,就业的可能性越大。

假设4(2)b:患慢性病者就业的可能性显著小于未患慢性病者。

第三节 人力资本对城市贫困者就业的影响

一 教育资本与就业

(一)教育资本与就业状况的描述统计

对不同受教育程度者的就业状况分析显示,教育与就业之间不具有显著相关性,不同受教育程度者之间的就业状况不存在显著差异(卡方检验 $p=0.093$)。从就业比例来看,中专/职高技校学历者就业比例最高,为36.17%;初中学历者的就业比例排在第二位,为28.21%;第三位的是大专及以上学历者,就业比例为21.88%(见表4-5)。

有几点值得注意。首先,尽管受教育程度与就业之间不存在显著相关性,但是从交叉表中仍可看出,没有完成初中教育对就业是存在影响的,小学及以下受教育程度者的就业比例最低。而在初中教育之后,对于城市贫困者来说,受教育程度的影响变得模糊。应该说,能够完成初中教育仍是一个重要的分水岭。考察次级劳动力市场对劳动力的需求条件可以看出,其对学历仍有一定限制,初中文化程度往往是进入劳动力市场的门槛。

其次,是中专/职高技校与高中之间的差异。尽管二者处于同一教育层次,但是就业比例存在较大差异,中专/职高技校学历者比高中学历者就业比例高 15.03 个百分点。在完成初中教育后,求学者面临教育的分流,选择中专/职高技校或高中往往意味着对未来学业和职业规划的不同,这两类学校的教学内容和教学目标存在很大差异。相比高中,中专/职高技校的教学目标在于培训技术人才、教学内容侧重技术培训,学生在完成职高教育后,能够掌握一门应用性的技术。从技能水平来看,进入中专/职高技校者的技能水平高于进入高中者。也许对于城市贫困者来说,在低层次就业中,掌握一门应用型技术比掌握基础型知识更有价值。

表 4-5 受教育程度与就业状况描述统计 ($N=595$)

单位:%

就业状况	小学及以下	初中	高中	中专/职高技校	大专及以上
有工作	15.83	28.21	21.14	36.17	21.88
没有工作,在找工作	10.00	11.36	11.38	14.89	12.50
没有工作,不打算找工作	74.17	60.44	67.48	48.94	65.62

(二) 教育资本对就业福利影响的二元 Logistic 回归分析

上文卡方检验显示,教育与就业之间不具有显著的相关性,但对于不同教育层次间的关系难以确定。为了更加深入准确地把握二者之间的关系,比较不同教育层次对就业影响的差异,本部分使用二元 Logistic 回归分析模型,考察教育资本对就业的影响。

模型 4(1)a 仅纳入教育资本,分析发现模型整体显著性略低,仅在 0.05 显著水平下通过统计检验($p=0.0274$)。具体分析不同教育层次发现,与仅接受了小学及以下教育的城市贫困者相比,接受了初中教育以及接受过中专/职高技校教育的城市贫困者就业的可能性显著提高(分别在 0.05 水平下和 0.01 水平下通过统计检验）；接受了初中教育者就业的可能性是参照组的2.040倍，接受过中专/职高技校教育者是参照组的3.012倍（见表4－6）。从OR值来看，教育资本与就业之间并非线性相关。两者虽然属于同一教育层次，但接受中专/职高技校教育者的就业可能性高于接受高中教育者，这与前文交叉分析结论一致，可能与教育的培养目标和要掌握的技能类型有关，应用型技能更符合次级劳动力市场的就业条件。另外需要指出的是，受教育程度为大专及以上者的就业可能性与参照组相比，没有显著差异，且OR值较小。前文分析指出，受教育程度为大专及以上者陷入贫困的比例明显小于其他受教育层次者。通过简单分析，排除了健康、年龄、性别等因素的影响（受教育程度为大专及以上者的健康状况总体优于未上过大学者，年龄结构和性别结构与其他群体无明显差异）；分析家庭状况发现，受教育程度为大专及以上者家庭在学者的比例高于其他群体，前文分析发现，这部分人应该有更加强烈的就业动机，但是结果并非如此。笔者分析还发现受教育程度为大专及以上者初职明显优于其他教育层次，以办事人员和工人为主，其初职处于初级劳动力市场比例高于其他低层次受教育者。有研究（徐林清，2004）指出初级劳动力市场和次级劳动力市场之间具有明显的界限，就业行为具有信号示意功能，初级劳动力市场的就业者往往宁愿失业也不愿在次级劳动力市场就业，这形成了自愿失业。对于高教育层次的贫困失业者，转变就业观念可能是突破口。

模型4（1）b在控制了相关人口变量和地区变量后，考察教育资本的效应发现，教育对就业的影响趋势基本没有变化，但教育资本变量的整体解释力降低，与小学及以下组别相比，仅中专/职高技校组别的就业概率有显著差异，是其的2.510倍。从整体来看，受教育水平对城市贫困者的就业影响较小，但是与参照组比，其他组别就业可能性均有所提高。初中受教育程度可能是就业的门槛，这可能与次级劳动力市场就业有关。劳动力市场分割理论指出了次级劳动力市场就业表现，即工资低、就业质量差、不稳定、以简单体力劳动为主的特性,处于次级劳动力市场,教育的回报率很低。

表4-6 教育资本对就业影响的二元 logistic 回归模型（$N=595$）

	模型4（1）a OR（系数）	模型4（1）b OR（系数）
初中（参照组：小学及以下）	2.040（0.713）*	1.523（0.421）
高中	1.425（0.354）	1.131（0.123）
中专/职高技校	3.012（1.103）**	2.510（0.920）*
大专及以上	1.488（0.398）	1.120（0.113）
男性（参照组：女性）		1.487（0.397）
年龄		0.968（-0.033）*
已婚有配偶（参照组：未婚）		10.013（2.304）***
离婚单身		9.184（2.217）***
丧偶单身		21.622（3.074）***
C市（参照组：W市）		1.349（0.300）
S市		0.459（-0.779）
截距	0.188（-1.671）***	0.093（-2.379）**
Pseudo R^2	0.0165*	0.0707***

* $p<0.05$，** $p<0.01$，*** $p<0.001$。

二 健康资本与就业

（一）健康资本与就业状况的描述统计

健康资本操作化为主观健康状况和客观健康状况两个层面,分别通过健康自评、慢性病状况以及重大疾病状况来测量。将三个变量分别与就业状况进行交叉分析和卡方检验发现,就业状况与健康自评显著相关,总体上,健康自评者有工作或打算找工作的比例均高于不健康者（卡方检验 $p=0.000$）；是否患重大疾病与就业状况同样具有统计上的弱显著相关性（卡方检验 $p=0.034$）；但是否患慢性病与就业之间并不存在显著相关性（卡方检验 $p=0.359$）,虽然有慢性病者有工作的比例略低于无慢性病者,但是相较于健康自评者和重大疾病者,这种差异较小。

非典型福利依赖：城市贫困者的就业选择与行动逻辑

如表4-7所示，在对就业的影响上，健康自评与是否患重大疾病仍保持一致，但是与是否患慢性病存在一定差异。基于此，在后面的分析中，将简化指标，分别使用健康自评和是否患慢性病两个指标来测量主观健康状况与客观健康状况。

表4-7 健康资本与就业状况描述统计（$N=595$）

单位：%

就业状况	健康自评 健康	健康自评 不健康,但能自理	慢性病 无	慢性病 有	重大疾病 无	重大疾病 有
有工作	34.24	12.45	26.95	22.13	26.22	16.83
没有工作，在找工作	13.64	8.68	11.08	12.25	12.20	7.92
没有工作，不打算找工作	52.12	78.87	61.98	65.61	61.59	75.25

分析排在前三位的慢性病与就业的关系发现，是否患心血管疾病、骨科疾病与就业之间不存在显著相关性（$p=0.830, 0.214>0.05$），城市贫困者并未因此类疾病而显著减少就业（见表4-8）。但是肿瘤疾病则不同，患肿瘤疾病的受助者的就业比例低于未患肿瘤疾病者，二者差异较为显著（$p=0.042<0.05$）。这可能与疾病的表征以及病情的严重程度有关。而从交叉分析的比例来看，与心血管疾病和肿瘤疾病不同，患骨科疾病的受助者就业的比例反而高于未患骨科疾病者。通常疾病会造成人体的功能性损耗，降低个体从事劳动的概率，但是骨科疾病患者却出现了相反的情况。

表4-8 主要慢性病与就业状况描述统计（$N=595$）

单位：%

就业状况	心血管疾病 无	心血管疾病 有	骨科疾病 无	骨科疾病 有	肿瘤疾病 无	肿瘤疾病 有
有工作	24.95	21.79	23.71	33.33	25.04	10.00
没有工作，在找工作	11.41	11.54	11.21	13.73	11.83	0.00
没有工作，不打算找工作	63.64	66.67	65.07	52.94	63.13	90.00

(二) 健康资本对就业福利影响的二元 Logistic 回归分析

上文分析发现，健康资本与就业之间具有相关性，特别是健康自评与就业之间呈显著相关。而慢性病与就业之间的关系较为复杂，不同的慢性病，作用机制存在差异。本部分使用二元 Logistic 回归分析模型，考察在控制了其他变量的情况下，健康资本对就业福利的影响（见表 4-9）。

模型 4（2）a 仅纳入健康自评和慢性病，初步考察主观健康状况与客观健康状况对于就业的不同影响。分析发现，健康自评与就业之间具有显著的相关性，自评的健康状况越好，工作的可能性越大（OR = 3.798，p = 0.000）。但是慢性病与就业之间不具有显著的相关性，且从 OR 值来看，患慢性病者就业的可能性略高。

由于慢性病的病因病况复杂，不同慢性病对于劳动能力的影响存在差异。为了更加清晰准确地把握慢性病的影响，本研究在前文描述分析的基础上，选取了发病率最高的三类慢性病纳入模型 4（2）b，考察这些慢性病各自对就业的影响。分析发现，健康自评的影响仍然十分显著。而这三类慢性病的影响表现出不一致性。从 OR 值来看，患心血管疾病、肿瘤疾病的受助者就业的可能性略有下降，表明这些疾病确实对就业能力有一定影响，尽管其未通过显著性检验。而骨科疾病对就业的影响较为显著（在 0.05 水平下通过统计检验），患骨科疾病的受助者就业的可能性反而更高，是未患骨科疾病者的 2.168 倍。

模型 4（2）c 加入人口学变量和地区变量，并将其作为控制变量，各因素对就业的影响趋势与模型 4（2）b 保持一致。自感身体健康者就业的可能性显著高于自感身体不健康者。但患慢性病几乎不会抑制就业，甚至患骨科疾病者就业的可能性反而更高。

调查发现，当询问疾病部分时，很多被访者表达了这样的观点，即由于经济困难，"有点儿小病，扛过去就行了""不敢检查，万一查出病也没钱治"，对于一般的疼痛、不舒服或不影响日常生活的疾病不会进行治疗。而从疾病的感知和诊断过程来看，心血管疾病和肿瘤疾病同属于内科，这类疾病往往需要借助医疗手段才能确诊。当城市贫困者选择就医时通常意味着疾病对其生活、工作影响较大。这部分解释了患心血管疾病或肿瘤疾病的受助者的就业可能性略低的情况。骨科疾病的不同之处在于，被访者能够对腰腿疼痛、背部疼痛等有较为明确的感知和自我诊断，而次级劳动力市场就业以体力劳动为主的工作特性会提升就业者对这类疾病的感知程度，从而表现为患骨科疾病者的就业可能性更大。

表4-9 健康资本对就业影响的二元 logistic 回归模型（$N=595$）

	模型4（2）a OR（系数）	模型4（2）b OR（系数）	模型4（2）c OR（系数）
健康自评	3.798（1.334）***	3.794（1.333）***	3.440（1.235）***
慢性病	1.126（0.118）		
心血管疾病		0.955（-0.046）	0.847（-0.166）
骨科疾病		2.168（0.774）*	2.130（0.756）*
肿瘤疾病		0.664（-0.409）	0.630（-0.462）
男性（参照组：女性）			1.604（0.472）*
年龄			0.970（-0.030）
已婚有配偶（参照组：未婚）			8.458（2.135）***
离婚单身			9.714（2.274）***
丧偶单身			17.788（2.879）***
C市（参照组：W市）			1.233（0.210）
S市			0.363（-1.012）
截距	1.870（0.626）	1.835（0.607）*	0.659（-0.416）
Pseudo R^2	0.0597***	0.0665***	0.1145***

* $p<0.05$，** $p<0.01$，*** $p<0.001$。

三 个体人力资本对城市贫困者就业的影响分析

本章考察了行动者自身的人力资本要素对城市贫困者就业的影响，通过简单描述分析和二元 Logistic 回归模型分析，分别基于教育资本和健康资本考察了知识、技能和体力对就业的影响。本部分将同时纳入教育和健康资本,检验个体行动者人力资本的综合影响,并纳入年龄、性别、婚姻状况、地区变量,将其作为控制变量,考察在控制其他因素的基础上相关因素的净效应。

模型4(3)a仅纳入人力资本相关变量,研究发现,教育资本影响较弱,仅上了中专/职高技校者就业的可能性有较为显著的提高,其他受教育层次与参照组相比没有明显差异。在健康资本方面,健康自评对就业有显著的影响,自感健康者就业可能性是自感不健康者的3.644倍(见表4-10)。而除骨科疾病外各类慢性病对就业均没有明显的抑制作用,患骨科疾病者就业的可能性更高。研究结果与上文分析一致。

模型4(3)b在加入控制变量后,人力资本的影响趋势无显著变化,仅教育资本的影响略有减弱,受教育程度为中专/职高技校者与参照组比没有明显差异。

表4-10 人力资本对就业影响的二元logistic回归模型($N=595$)

	模型4(3)a	模型4(3)b
	OR(系数)	OR(系数)
初中(参照组:小学及以下)	1.777(0.575)	1.366(0.312)
高中	1.233(0.209)	0.967(-0.034)
中专/职高技校	2.381(0.867)*	1.964(0.675)
大专及以上	1.139(0.130)	0.951(-0.050)
健康自评	3.644(1.293)***	3.379(1.218)***
心血管疾病	0.982(-0.018)	0.865(-0.146)
骨科疾病	2.072(0.728)*	2.036(0.711)*
肿瘤疾病	0.612(-0.491)	0.609(-0.496)
男性(参照组:女性)		1.619(0.482)*
年龄		0.972(-0.028)
已婚有配偶(参照组:未婚)		8.005(2.080)***
离婚单身		8.830(2.178)***

续表

	模型4（3）a OR（系数）	模型4（3）b OR（系数）
丧偶单身		17.302（2.851）***
C市（参照组：W市）		1.197（0.180）
S市		0.399（-0.919）
截距	1.161（0.150）	0.505（-0.684）
Pseudo R^2	0.0775***	0.1212***

* $p<0.05$，** $p<0.01$，*** $p<0.001$。

第四节 结论

本章从作为行动者的城市贫困者出发，考察城市贫困者自身所具有的教育和健康等人力资本对其就业的影响。

（1）城市贫困者教育资本不足，大部分受助者仅具有初中文化程度。对于这部分人来说，教育水平的提升并未带来显著的就业回报。次级劳动力市场就对教育水平的要求较低，往往以初中学历为门槛，这是从事大部分职业的要求。

（2）初中以上受教育程度并未表现出明显的优势，除上过中专/职高技校者就业概率略有提升外，其他教育层次的影响均不突出。中专/职高技校教育与其他教育层次的最大差异在于其注重对应用型技术的培训，这为城市贫困者就业指明了一条出路，即加强技能培训。

（3）健康资本对就业有较大影响，特别是主观健康状况对就业有显著影响。在客观健康状况方面，患慢性病并未降低就业发生的概率。就业是一个双向选择的过程，一方面受到市场条件、家庭条件的制约；另一方面是一个主观决策的过程，在这个决策过程中，行动者需要考虑各项条件，对成本和收益做出权衡，以此预判就业的可行性。而对自身健康状况的评估是其中重要的部分。客观健康状况是行动者评估健康的基础，是判断身体状况能否适应工作的前提。但是，对于同一疾病不同人的感知和对患病程度的评估存在差异，这就造成了主观与客观健康之间的一些不一致，例如，部分患病者自感健康，而部分未患病者却自感不健康。人们对自身健康的感知和评估在很大程度上决定了对自身就业能力的判断，从而影响就业状况。准确判断健康状况，降低疾病风险，也是促进就业的重要条件。

第五章　家庭福利与城市贫困者就业

本章考察家庭福利对城市贫困者就业产生的影响。首先对城市贫困者家庭福利的基本状况进行描述分析，在此基础上，分别从家庭照料和家庭社会资本两个层面考察其对就业的影响，寻找家庭福利中促进就业的因素，以及制约就业的因素。

第一节　家庭福利基本状况描述

一　家庭照料状况

家庭中是否有年迈的老人、是否有在学的子女、是否有身患疾病的成员，直接决定家庭的经济负担、照料负担。而家庭中的劳动力人口数则关系到家庭经济供养能力，关系到家庭的照顾安排。本部分基于家庭人口结构和被照顾者状态（质量）两方面了解家庭照料状况。

（一）家庭人口结构

从家庭人口结构来看，大部分家庭人口数目较少，以3人户为主，占比为46.64%，超过3人的家庭占比为10.57%，还有部分家庭仅被访者1人，占比为17.11%（见表5-1）。具体分析家庭的人口构成发现，超过75%的家庭有2个及以上处于劳动年龄段的人口，且有近75%有2个及以上有劳动能力。也就是说大部分贫困者家庭有不止一个劳动年龄有劳动能力人口。而家中有老人的家庭较少，占比仅为6.71%；家中有少儿的比例略高，为19.30%，总体来说，家庭中的老人占比、少儿占比并不高。仅从比例来看，家庭的抚养系数应该较低，分析也发现超过90%的家庭人口抚养系数小于1，从抚养系数来看，抚养负担不大。

表5-1 家庭人口结构描述统计（N=595）

单位：%

	家庭人口占比	劳动年龄人口占比	劳动年龄有劳动能力人口占比	家中有老人占比	家中有少儿占比
0	—	—	—	93.29	80.7
1人	17.11	24.33	26.34	5.03	18.29
2人	25.67	32.55	33.39	1.68	0.84
3人	46.64	39.09	36.41	—	0.17
4人及以上	10.57	4.03	3.86	—	—

（二）被照顾者状态

通过对被照顾者状态的分析发现，尽管少儿比例为19.30%，相对来说并不高，但在学者的比例远高于此，达到51.17%，本研究中将16岁以下定义为儿童，由此可见，家中在学的人口可能大部分年龄较大，这就意味着他们可能处于高中或大学阶段。通过对家中在学者目前最高教育阶段统计分析发现，的确以高中及同等学力和大学及以上阶段为主，二者占在学者的比例为67.98%（见表5-2）。这两个阶段的教育负担相较于义务教育阶段要高得多。教育带来的经济压力可能会对就业产生影响。

表5-2 家庭在学者教育状况描述统计（N=303）

单位：人，%

在学者最高教育层次	频数	比例
义务教育及以下	97	32.01
高中及同等学力	100	33.00
大学及以上	106	34.98

家中有生活不能自理者的比例同样较低，为6.71%；但是除受访者外，家中身体不健康者占的比例较高，为27.68%（见表5-3）。前文对受访者的分析发现，受访者身体不健康的比例为44.46%。由此可以推测，相比照料不健康者，受访者更可能是由于自身健康状况不就业的。

从家庭其他成员自付的医疗费用来看，大部分（42.91%）家庭除去受访者可能的医疗支出，其家庭成员自付医疗支出占家庭净支出的比重在20%以内；另有31.76%的家庭其家庭成员自付医疗支出可以忽略不计。有约25%的家庭其家庭成员自付医疗支出占到20%以上。

表5-3 家庭成员健康与医疗支出状况描述统计（$N = 592$）

单位：%

家庭其他成员健康状况		家庭其他成员自付医疗支出占家庭净支出比重	
	身体不健康者	0	31.76
无	72.32	(0, 20%]	42.91
有	27.68	(20%, 40%]	16.72
	不能自理者	(40%, 60%]	5.24
无	93.29	(60%, 80%]	2.70
有	6.71	(80%, 100%]	0.68

二 家庭社会资本状况

在中国，家庭是社会资本的核心，而拜年网则是衡量家庭社会资本最有效的方式。春节是中国最重要的节日，被调查者在春节期间会以各种方式与密切相关的人互相拜年，包括亲属、朋友，以及一些其他人。

表5-4对城市低保受助家庭社会资本的状况进行了初步的描述统计。受助者家庭的拜年网规模均值为5.99，不同家庭间

变动幅度较大。从异质性来看,拜年网密度(亲属在拜年网中占比)为 0.73,表明总体上城市低保受助家庭的社会资本网络以亲属为主。而在包含了 19 个职业(包括无业者参见附录 E3)的社会资本网络中,受助者的社会资本网络职业类型数目很少,均值仅为 1.65;而在 9 种单位构成的单位网络中,受助者的单位类型数同样较少,均值仅为 1.65。总体来看,拜年网的异质性较小,城市贫困者的拜年网以同类或相近群体为主。比较拜年网 ISEI 最大值(网顶)发现,网顶总体均值为 31.55,表明家庭社会交往的群体普遍职业等级较低。家庭社会资本具有同质性的特点。从标准差来看,各项指标的变动幅度较大,表明在城市贫困者内部,其家庭社会资本同样具有差异。

表 5-4 家庭社会资本描述统计

		观测值	均值	标准差	最小值	最大值
	拜年网规模	589	5.99	6.48	0	65
拜年网异质性	拜年网密度	589	0.73	0.34	0.01	1
	网络包含职业类型数	511	1.65	1.17	0	8
	网络包含单位类型数	505	1.65	1.06	0	5
	拜年网 ISEI 最大值(网顶)	537	31.55	23.13	0	88

家庭社会资本诸变量,特别是网络包含职业类型数和单位类型数、网顶三个变量存在一定数量的缺失,导致在后文的回归分析中丢失了一些信息,为了尽可能保持样本的规模最大化,笔者在研究中尝试运用恰当方法对相关变量进行缺失值填补。在对各种方法填补缺失值的结果进行比较后发现,线性填补法相对较优,因此,笔者最终选择了这一方法,缺失值填补结果如下(见表 5-5)。

表 5-5 填补缺失值的家庭社会资本描述统计($N=595$)

	均值	标准差	最小值	最大值
拜年网规模	6.03	6.48	0	65

续表

		均值	标准差	最小值	最大值
拜年网异质性	拜年网密度	0.73	0.34	0.008	1
	网络包含职业类型数	1.66	1.12	0	8
	网络包含单位类型数	1.69	1.02	0	5
拜年网 ISEI 最大值（网顶）		31.74	22.54	0	88

比较发现，填补缺失值后，各变量的基本特征变化不大，基本保持了与元数据相同的结构。因此，在后文的模型分析中，本研究使用了填补缺失值后的数据，以尽最大可能保持样本数据的信息完整性。

具体看家庭社会资本中包含的职业类型发现，其以工人为主，50.2%的受访者拜年网中有工人；其次是有无业者，占比为30.4%；有管理精英（如党政机关负责人、企事业单位负责人等）的比例非常低，仅有2.3%的受访者家庭拜年网含有此类人员（见表5-6）。有专业技术精英（如教师、医生、工程技术人员、法律经济事务人员等）的占比为19.5%。从总体上来看，家庭社会交往的职业群体以处于社会中层和下层的群体为主。

表5-6 家庭社会资本职业类型描述统计（$N=595$）

单位：%

	有管理精英	有专业技术精英	有商业服务业从业人员	有工人	有农民	有无业者
否	97.7	80.5	78.0	49.8	91.8	69.6
是	2.3	19.5	22.0	50.2	8.2	30.4

从单位类型来看，无单位者居多，在30.4%的家庭拜年网中交往的群体没有单位；另外，以在各类企业中工作的群体居多，其中，在私企中的占比为23.2%，在国企中的占比为21.6%，少数（12.4%）在集体企业中工作，在党政机关、事业单位工作的占比很

低（见表5-7）。这与职业类型中工人、无业者居多相对应。

表5-7 家庭社会资本职业类型描述统计（$N=595$）

单位：%

	党政机关	国企	事业单位	集体企业	个体经营	私企	农业	其他单位	无单位
否	96.1	78.4	91.3	87.6	81.4	76.8	91.8	86.9	69.6
是	3.9	21.6	8.7	12.4	18.6	23.2	8.2	13.1	30.4

第二节 家庭福利研究假设

假设：城市贫困者的家庭福利状况对就业有显著影响。

就业是求职者在一定的结构中发挥能动性的行为。作为社会关系的产物，人首先处于家庭结构中，面临家庭的支持与压力，一方面家庭照料负担的增加会制约劳动者的就业选择，阻碍劳动者就业行为的实现，对就业福利的获得有反向作用；另一方面以家庭为轴心形成的家庭社会资本，扩展了家庭获取信息和资源的途径，对就业福利获得有推动作用。

通过前文的分析发现，城市贫困者中的就业者，基本属于次级劳动力市场，就业质量普遍较差。因此，在就业福利方面，城市贫困者的主要差别在于是否就业。而是否能够获得就业福利则成为研究的重点。本部分研究的核心问题为家庭福利对就业行为的影响。基于此，本研究提出以下几个假设。

假设5（1）：家庭照料负担越重，城市贫困者就业的可能性越小。

5（1）a：家庭劳动人口数越多，城市贫困者实现就业的可能性越大。

5（1）b：家中有少儿的城市贫困者实现就业的可能性更小。

5（1）c：家中有老人的城市贫困者实现就业的可能性更小。

5（1）d：家庭医疗支出占比越小，城市贫困者实现就业的可能性越大。

5（1）e：家庭在学者所处教育阶段越高，城市贫困者实现就业的可能性越大。

假设5（2）：家庭社会资本状况越好，城市贫困者就业的可能性越大。

5（2）a：拜年网规模越大，城市贫困者就业可能性越大。

5（2）b：家庭社会资本异质性越强，城市贫困者就业可能性越大。其中，拜年网密度越小、包含职业类型数越多、包含单位类型数越多，城市贫困者就业可能性越大。

5（2）c：网顶 ISEI 值越高，城市贫困者就业可能性越大。

第三节　家庭福利对城市贫困者就业的影响

一　家庭照料与就业

本部分从简单描述分析开始，运用交叉分析、卡方检验等，对家庭照料与就业之间的可能关系进行初步探索。为了尝试更多的可能性，本部分将未就业的状况进一步细分，操作化为"没有工作，正在找工作"与"没有工作，也不打算找工作"。

（一）家庭照料与就业状况的描述统计

本部分对反映家庭照料的结构性因素和质量性（状态）因素分别进行分析。从家庭人口构成与就业关系来看，家庭是否有老人与就业有显著相关性（卡方检验 $p=0.026<0.05$），从比例来看，有老人的家庭受访者目前有工作的比例明显小于没有老人的家庭。而是否有少儿，并不会显著影响受访者的就业状况（卡方检验 $p=0.702>0.05$），从比例来看，有少儿的家庭就业比例高于无少儿家庭，高约9.46个百分点（见表5-8）。

第五章　家庭福利与城市贫困者就业

表 5-8　家庭照料与就业状况描述统计（1）（$N = 595$）

单位：%

就业状况	老人 无	老人 有	少儿 无	少儿 有
有工作	25.77	7.50	22.71	32.17
没有工作，在找工作	10.99	17.50	11.46	11.30
没有工作，不打算找工作	63.24	75.00	65.83	56.52

家庭是否有在学者与就业之间有显著相关性（卡方检验 $p = 0.000 < 0.001$），而是否有生活不能自理者并不会显著影响受访者的就业状况（卡方检验 $p = 0.098 > 0.05$）。从比例来看，家中有在学者，受访者就业的比例最高，占比为 34.10%（见表 5-9），为子女提供更好的教育是否成为就业的动力，这是一个值得探讨的问题。

表 5-9　家庭照料与就业状况描述统计（2）（$N = 595$）

单位：%

就业状况	生活不能自理者 无	生活不能自理者 有	在学者 无	在学者 有
有工作	24.14	30.00	14.48	34.10
没有工作，在找工作	11.53	10.00	12.41	10.49
没有工作，不打算找工作	64.32	60.00	73.10	55.41

我们有所疑虑的地方在于，家庭是否有生活不能自理者与就业之间并不具有显著相关性，但是否有老人却与就业呈显著相关。且从比例可以看出家中有老人的城市贫困者就业比例要低于家中无老人者，但家中有无生活不能自理者却反之。通常情况下，老人和病人都是被照料的群体，而照料负担会制约城市贫困者外出就业，但实际情况并非如此。因此，我们对家中是否有老人、家中是否有生活不能自理者与家庭的支出和家庭的医疗支出的关系做了一个简单的方差分析发现，有无老人的家庭在两项支出上均不存在显著差异，而家中有无生活不能自理者则不同，组间差异显著。也许相较于年

龄结构，健康结构对家庭产生的影响更大，不只是照料上的责任，更是经济上的压力。家庭由于教育、医疗造成的压力可能驱使家庭劳动人口进入劳动力市场，通过就业收入来缓解生活压力。

我们在前文的分析中发现，男性和女性在家庭中承担的责任不同，存在"男主外，女主内"的情况；相关的研究也表明照料责任会影响家庭的就业状况，例如，在美国有家庭看护责任的劳动者仅有30%～40%能就业（Fast, Williamson, and Keating, 1999），中年妇女看护时间与每周工作时间呈显著负相关，她们会因家庭成员患病而相应调整工作时间或选择就业与否（Spiess, 2004）。基于此，本研究进一步分性别考察了家庭照料与就业的关系。

分析发现，不管是对男性还是女性来说，家中有老人组和家中无老人组在就业选择上，均有较为显著的差异（卡方检验 p 值分别为女性0.033，男性0.031，$p<0.05$）。家中有老人的受访者就业的比例低于无老人家庭的受访者。具体分析男性和女性之间的差异发现，对于无老人的家庭，男性和女性的就业选择差异不大；但对有老人的家庭来说，女性的就业比例以及找工作比例明显低于男性。家中有老人的女性受助者相对于男性更可能承担照料责任，从而选择不就业。分性别考察家中是否有生活不能自理者在就业上的差异发现，对男性来说，家中有生活不能自理者，其就业以及有就业意愿的比例显著增加（卡方检验 $p=0.004<0.01$），而女性没有显著差异（卡方检验 $p=0.155>0.05$）。但从比例仍可以看出，在有生活不能自理者的家庭中，女性更可能留在家庭内部承担照料责任，男性更可能外出就业承担养育责任（见表5-10）。

表5-10 分性别家庭照料与就业状况描述统计（$N=595$）

单位：%

就业状况	家中有老人		有生活不能自理者	
	女性（$N=298$）	男性（$N=297$）	女性（$N=298$）	男性（$N=297$）
	否　　是	否　　是	否　　是	否　　是
有工作	25.64　4.00	25.89　13.33	24.82　12.5	23.49　56.25

第五章 家庭福利与城市贫困者就业

续表

就业状况	家中有老人 女性（N=298） 否	家中有老人 女性（N=298） 是	家中有老人 男性（N=297） 否	家中有老人 男性（N=297） 是	有生活不能自理者 女性（N=298） 否	有生活不能自理者 女性（N=298） 是	有生活不能自理者 男性（N=297） 否	有生活不能自理者 男性（N=297） 是
没有工作，在找工作	10.99	8.00	10.99	33.33	11.31	4.17	11.74	18.75
没有工作，不打算找工作	63.37	88.00	63.12	53.33	63.87	83.33	64.77	25.00

从被照顾者状态（质量）方面分析家庭照料与就业的关系。分析家庭的医疗支出结构与就业的关系发现，二者存在显著相关性（卡方检验 $p=0.004<0.01$）（见表5-11）。但二者之间的具体关系还需进一步验证。

表5-11 家庭医疗状况与就业状况描述统计（N=591）

单位：%

就业状况	0	(0,0.2]	(0.2,0.4]	(0.4,0.6]	(0.6,0.8]	(0.8,1.0]
有工作	21.1	32.8	13.1	17.9	15.8	
没有工作，在找工作	13.6	10.6	12.1	5.2	15.8	
没有工作，不打算找工作	65.3	56.6	74.8	76.9	68.4	100.0

注：家庭医疗支出结构是指家庭医疗支出与家庭总支出之比。

家中有在学者的受访者就业的比例高于没有在学者的家庭。其中，家中有高中及同等学力在学者的受访者就业比例最高，其次是家中有大学及以上在学者的受访者，然后是家中有义务教育及以下在学者的受访者（见表5-12）。家中在学者所处教育阶段与就业之间具有显著的相关性（卡方检验 $p=0.000$），这是否与家庭将脱贫的希望寄托在下一代身上有关呢？当调查中询问关于"您觉得未来5年，生活会发生改变吗"时，受访者将更多的期望寄托在了孩子身上，多位受访者表达过这样的观点，即"这就看小孩以后工作怎么样了""等孩子毕业应该就能改善""不好说，看孩子毕业后怎么样吧"。似乎对贫困家庭来说，孩子是改变家庭现状的最重要途径。而支持孩子接受教育似乎成了就业的动力。

这也就能解释为什么家庭中有在学者的受访者就业的比例会高了。

表 5-12 家庭在学者状况与就业状况描述统计 ($N=593$)

单位：%

就业状况	无在学者	义务教育及以下	高中及同等学力	大学及以上
有工作	14.48	28.87	38.00	35.85
没有工作，在找工作	12.41	10.31	7.00	14.15
没有工作，不打算找工作	73.10	60.82	55.00	50.00

（二）家庭照料对就业福利影响的二元 Logistic 回归分析

家庭照料表现在对老人、少儿、病人和在学者的照料上。上文采用简单描述和交叉分析的方法，从家庭人口结构和被照顾者状态两方面对家庭照料与就业之间的关系进行了初步探索。为了更加深入准确地把握二者之间的关系，本部分利用二元 Logistic 回归分析模型，考察在控制了其他变量的情况下，相关因素对就业的影响，以及家庭照料相关因素总体对就业福利影响的解释力。

模型 5（1）a 仅纳入家庭人口结构因素，即家中是否有老人、是否有少儿、劳动力人口数三个变量。分析发现，家庭人口结构对城市贫困者就业有显著影响。具体分析各因素发现，各因素在 0.05 水平下均通过显著性检验，其中，家中有老人的受访者就业的可能性低于家中无老人的受访者，家中有少儿的受访者相较于家中无少儿的受访者就业的可能性更大（OR = 1.741），而家中劳动人口每增加 1 个，受访者就业的可能性增加 0.322 倍（见表 5-13）。仅从三个因素来看，家庭的照料负担越小和能够分担照料负担的人越多，就业的可能性越大，但在是否有 16 岁以下少儿上例外。这可能受到养育子女的经济压力和对后代给予的期望的影响。

模型 5（1）b 将家庭人口结构与被照顾者状态因素同时纳入模型，考察家庭照料的影响。分析发现，模型整体显著。在纳入质量因素后，家庭结构因素均未通过显著性检验。但从系数仍能看出与模型 5（1）a 一致。这表明被照顾者状态解释了部分影响。

控制其他因素后,家庭其他成员自付医疗支出部分占家庭净支出的比重越大,受访者就业的可能性越小。自付医疗比重越大,表明家庭成员的健康状况越差,受访者需要对家庭照料的付出也就会相应增加,兼顾就业与照料的难度也就越大。这成为一些受访者放弃就业的原因。在控制其他因素后,分析在学者状况对就业的影响发现,与没有在学者的家庭相比,有在学者的家庭更可能就业(回归系数均大于0),其中,家中在学者处于义务教育及以下阶段的受访者就业可能性与家中无在学者的受访者差异不显著,而家中有高中及以上教育阶段的在学者会显著提高受访者就业的可能性。家中有高中教育阶段在学者的受访者就业的可能性最高,是家中无在学者受访者的3.078倍,家中有处于大学及以上教育阶段的受访者就业的可能性是家中无在学者的受访者的2.722倍。相比没有在学者的家庭,有在学者家庭的一个明显区别是教育支出的增加。对在学者的照料并不主要体现在时间上的陪伴和居家的照料,毕竟孩子上学与成人工作在时间上几乎重合,其更多体现在能否保障孩子在学习上享受与一般群体差不多的待遇,如物质、经济以及精神上的支持。相对家中有大学及以上在学者的受访者而言,家中仍有高中阶段在学者的受访者就业可能性高的一种解释在于家庭对在学者未来预期的不同。与大学相比,在学者仅处于高中阶段,对于未来的预期更加的不明确。中国有"一考定终身"的说法,通过了高考的独木桥,往往是改变命运的开始,不只是自己的命运,还意味着家庭命运的改变。对于家长来说,孩子考上大学后,意味着其家庭对未来的预期逐渐明确,向有利的方向转变。因此,家长的就业压力可能相对降低。

我们在前文的分析中发现,人们在不同阶段经历着不同的生命事件,家庭中可能存在性别分工,受访者的婚姻状态也可能意味着家庭责任的不同,而中国各地区之间在经济发展、社会文化状况、低保政策状况均存在差异。因此,模型5(1)c通过控制相关变量,进一步考察家庭照料对就业的影响。分析发现,家庭照料对于就业的影响基本与模型5（1）b一致。家庭结构对于受访者就业选择没有显著影响。而家庭自付医疗支出比和家庭在学者最高教育阶段则显著影响就业的概率。尽管加入控制变量后，大部分变量的解释力略有下降（双侧检验显著度降低，p值增大），但影响趋势不变（见表5-13）。

表5-13 家庭照料对就业福利影响的二元Logistic回归模型

		模型5（1）a OR（系数）	模型5（1）b OR（系数）	模型5（1）c OR（系数）
家中有老人		0.257（-1.361）*	0.333（-1.099）	0.343（-1.071）
家中有少儿		1.741（0.554）*	1.467（0.383）	1.649（0.500）
劳动力人口数		1.322（0.279）*	1.015（0.015）	1.048（0.047）
家庭自付医疗支出比			0.115（-2.162）**	0.113（-2.183）**
在学者最高教育阶段（参照组：无在学者）	义务教育及以下		1.740（0.554）	1.316（0.274）
	高中		3.078（1.124）***	2.559（0.939）**
	大学及以上		2.722（1.001）***	2.147（0.764）*
男性（参照组：女性）				1.447（0.369）
年龄				0.979（-0.021）
已婚有配偶（参照组：未婚）				4.383（1.478）*
离婚单身				5.548（1.714）**
丧偶单身				10.396（2.341）***
C市（参照组：W市）				1.175（0.161）
S市				0.253（-1.374）*
截距		0.162（-1.820）***	0.226（-1.486）***	0.114（-2.169）*
观测值		595	590	590
Pseudo R^2		0.0281***	0.0791***	0.119***

* $p<0.05$，** $p<0.01$，*** $p<0.001$。

二 家庭社会资本与就业

（一）家庭社会资本与就业状况的描述统计

测量家庭社会资本的各指标均为连续型数值变量，本部分使用 Spearman 等级相关，初步检验家庭社会资本与就业之间的相关性。为了更加直观地判断正负相关的意义，此处就业选取二分变量，1 为有工作、0 为没有工作。可以看到，家庭社会资本与就业状况之间具有一定相关性，其中家庭社会资本包含的单位类型数以及网络成员的最高 ISEI 均与就业状况呈正相关，且在统计上较为显著。包含单位类型数越多，就业可能性越大（$p = 0.014 < 0.05$）。网络成员的最高 ISEI 越高，就业可能性越大（$p = 0.01$）。可以看出，家庭的社会资本在一定程度上能够影响就业，拥有家庭社会资本的质量可能比规模更有效（见表 5-14）。

表 5-14 家庭社会资本与就业的相关分析

Spearman 等级相关		相关系数	Sig.（双侧）
	拜年网规模	0.051	0.215
网络异质性	拜年网密度	-0.035	0.397
	职业类型数	0.074	0.095
	单位类型数	0.110*	0.014
网络成员最高 ISEI		0.111*	0.010

* $p < 0.05$, ** $p < 0.01$, *** $p < 0.001$。

（二）家庭社会资本对就业福利影响的二元 Logistic 回归分析

家庭社会资本通过拜年网规模、网络异质性和网顶值来测量。上文采用简单相关分析，对家庭社会资本与就业之间的关系进行了初步探索。为了更加深入准确地把握二者之间的关系，本部分使用二元 Logistic 回归模型，考察在控制了其他变量的情况下，相关因素对就业的影响，以及家庭社会资本相关因素总体对就业福利影响的解释力。

模型 5（2）a 仅纳入家庭社会资本变量考察该因素对就业的影响（见表 5-15）。一般观点认为，拜年网规模越大，潜在的提供帮助者越多，实际得到的帮助也会越大；而异质性越强，潜在的帮助方式和资源类型越多；网顶越高，往往意味着潜在的资源质量和帮助程度会越高。从分析结果来看，与前文初步分析结果一致，网顶、网络包含的单位类型数对就业有显著影响，网顶 ISEI 值越大，就业的可能性越大；网顶值每增加 1 分，就业的可能性增加 0.012 倍。单位类型数越多，就业的可能性越大，单位类型数每增加 1 个，就业的可能性增加 0.283 倍。而拜年网规模、拜年网密度、职业类型数与就业之间没有显著的相关性。但从 OR 值来看，仍能看出微弱趋势：拜年网规模越大，就业的可能性越大；拜年网密度越小，就业可能性越大；单位类型数越多，就业可能性越大。总体来说，除拜年网密度和职业类型数外，家庭社会资本规模越大、异质性越强、网顶越高，就业的可能性越大。但相比家庭社会资本的宽度、广度，深度才是最重要的，网络质量的影响比网络规模更重要。

模型 5（2）b 纳入控制变量，考察家庭资本的净效应。分析发现，在控制其他因素后，家庭资本变量的影响趋势基本无变化，但家庭社会资本影响的显著性降低。单位类型数与就业之间的关系在 0.05 的显著水平下未通过统计检验，二者之间关系变为不显著。而网顶的影响减弱，网顶与就业之间的关系在 0.05 的显著水平下通过统计检验，二者之间有较为显著的关系，表现为网顶 ISEI 值越大，就业的可能性越大。仍可得出结论，家庭社会资本的质量对城市贫困者就业非常重要。从对家庭社会资本的分析可以看出，是否具有资源占有量高的关键资本或关键影响人物更重要。

表 5-15　家庭社会资本对就业福利影响的二元 Logistic 回归模型

		模型 5（2）a	模型 5（2）b
		OR（系数）	OR（系数）
拜年网规模		1.003（0.003）	1.004（0.004）
网络异质性	拜年网密度	0.979（-0.021）	0.977（-0.024）
	职业类型数	0.844（-0.170）	0.846（-0.167）
	单位类型数	1.283（0.249）*	1.234（0.210）
网顶		1.012（0.012）**	1.012（0.012）*

续表

	模型 5（2）a	模型 5（2）b
男性（参照组：女性）		1.452（0.373）
年龄		0.964（-0.037）*
已婚有配偶（参照组：未婚）		10.661（2.367）***
离婚单身		10.505（2.352）***
丧偶单身		21.632（3.074）***
C 市（参照组：W 市）		1.432（0.359）
S 市		0.405（-0.904）
截距	0.188（-1.672）***	0.090（-2.413）
观测值	590	590
Pseudo R^2	0.0195*	0.1013***

 * $p<0.05$，** $p<0.01$，*** $p<0.001$。

三 家庭福利对就业的影响分析

本章考察了城市贫困者所具有的家庭福利对其就业的影响。其中家庭福利被操作化为家庭照料与家庭社会资本。在上一章中分析发现，城市贫困者中的绝大多数在次级劳动力市场就业，在就业质量方面普遍较差，个体间的差异性很小，因此，本研究在实际分析时仅从是否就业进行分析。

前文从家庭照料和家庭社会资本两个方面分别考察了家庭福利对就业的影响。首先通过简单描述统计进行探索性分析；在此基础上建构二元 Logistic 回归模型，考察家庭照料层面和家庭社会资本层面的综合影响，将年龄、性别、婚姻状况、地区变量纳入其中，并进行控制，考察在控制其他因素的基础上相关因素的净效应。

本部分在此基础上，将家庭照料与家庭社会资本纳入同一模型，考察家庭福利的综合效应。

模型 5（3）a 仅纳入家庭福利相关变量。研究结论与前文保持一致，在控制了其他因素后，家庭自付医疗支出比、在学者最高教育阶段、单位类型数、网顶对城市贫困者的就业有显著影响（见表 5-16）。其中，家中有高中阶段在学者在 0.001 水平上通过显著性检验，相比家中无在学者，有高中阶段在学者的受访者就业的可能性显著提高。家庭自付医疗支出比、在学者处于大学及以上阶段、网顶三个变量在 0.01 水平上通过显著性检验。家庭自付医疗支出比越大，就业的可能性越小；相比家中无在学者的受访者，家中有大学及以上阶段在学者的受访者的就业可能性更大；网顶 ISEI 值越大，受访者就业的可能性越大。拜年网的单位类型数在 0.05 水平上通过显著性检验，单位类型数越多，受访者就业的可能性越大。

模型 5（3）b 纳入控制变量考察家庭福利对就业的影响。分析发现，在学者所处教育阶段显著性降低，在学者处于高中阶段变量在 0.01 水平下通过显著性检验，在学者处于大学及以上阶段在 0.05 水平下通过显著性检验。单位类型数未通过显著性检验，总体变量的影响趋势无明显变化。

表 5-16 家庭福利对就业影响的二元 Logistic 回归模型

家庭福利		模型 5（3）a	模型 5（3）b
		OR（系数）	OR（系数）
家庭内部福利	家中有老人	0.290（-1.239）	0.315（-1.155）
	家中有少儿	1.385（0.326）	1.567（0.449）
	劳动力人口数	1.028（0.027）	1.065（0.063）
	家庭自付医疗支出比	0.110（-2.209）**	0.109（-2.212）**
	在学者最高教育阶段（参照组：无在学者） 义务教育及以下	1.774（0.573）	1.324（0.281）
	高中	2.857（1.050）***	2.407（0.878）**
	大学及以上	2.506（0.919）**	2.017（0.702）*
家庭外部福利（社会资本）	拜年网规模	0.991（-0.009）	0.990（-0.010）
	拜年网密度	1.016（0.015）	0.907（-0.097）
	职业类型数	0.807（-0.214）	0.851（-0.162）
	单位类型数	1.344（0.296）*	1.281（0.247）
	网顶	1.013（0.013）**	1.014（0.013）**

续表

家庭福利		模型 5（3）a OR（系数）	模型 5（3）b OR（系数）
控制变量	男性（参照组：女性）		1.447（0.370）
	年龄		0.980（-0.020）
	已婚有配偶（参照组：未婚）		4.334（1.466）*
	离婚单身		5.684（1.738）**
	丧偶单身		10.075（2.310）**
	C 市（参照组：W 市）		1.150（0.140）
	S 市		0.246（-1.401）*
截距		0.135（-2.011）***	0.071（-2.649）**
观测值		590	590
Pseudo R^2		0.0973***	0.1295***

* $p<0.05$，** $p<0.01$，*** $p<0.001$。

第四节 关于城市贫困者工作-家庭平衡的分析

当讨论到城市贫困家庭时，城市中年贫困群体尤其需要关注。这个群体往往处在上有老下有小的人生阶段，家庭养育与照料的负担更重，但劳动力市场并不友好。低收入、高失业、不稳定就业，往往是这个群体在劳动力市场中的遭遇。他们一方面面临家庭的重担，另一方面面对严苛的劳动力市场。对于城市"贫困中年"来说，工作不仅是一份职业，更是生存的保障，但贫困意味着家庭不能为其提供正向的支持，反而更可能成为反向的压力，在一定程度上工作-家庭平衡被打破，工作与家庭在某种程度上无法兼顾。在家庭重担和工作之间，城市贫困中年需要做出选择。本部分将问题聚焦于城市中年贫困群体，基于性别视角，探讨其工作与家庭的平衡。

一 工作-家庭平衡研究假设

已有的工作-家庭冲突研究认为,性别角色分工的差异造成了男女两性面临的工作-家庭冲突具有显著差异性。女性在这一过程中更可能因为家庭放弃工作的机会(姜佳将,2015)。但在以家户为贫困测量单位的情况下,女性个体被包括在家庭中,贫困的个体化特征被淡化,其中,女性面临的工作与家庭的冲突被家庭贫困问题所掩盖,女性为家庭而放弃的工作机会被就业中的劳动力市场排斥所掩盖。基于此,本部分提出以下假设:性别差异假设、家庭养老与照护责任的假设,以及家庭抚育责任的假设。

(一) 性别差异假设

在城市贫困中年中,男性工作的可能性高于女性。

(二) 上有老——家庭养老与照护责任的假设

对男性而言,家庭养老与照护责任对工作-家庭平衡具有正向影响。

对女性而言,家庭养老与照护责任对工作-家庭平衡具有负向影响。

(三) 下有小——家庭抚育责任的假设

对男性而言,家庭抚育责任对工作-家庭平衡具有正向影响。
对女性而言,家庭抚育责任对工作-家庭平衡具有负向影响。

二 变量设置

(一) 被解释变量

本部分主要考察基于性别视角的城市贫困中年的工作-家庭平衡情况问题,考察家庭照料与抚育是否会影响其就业状况。本研究仍然选择将是否就业(0 代表无;1 代表有)作为衡量工作的核心指标,并作为因变量。

(二) 解释变量设置

家庭责任主要体现在对家庭赡养人口的照料与养育，包括未成年子女、老人以及需要长期照护的人员。考虑到我国国情，家庭对于子女最重要的抚育责任在于提供教育支持，因此，将家庭在学结构纳入考量范围，考察子女数量、子女受教育情况、老年照料和失能照护四个重要的家庭责任的影响，并用家庭少儿人口数、家庭老年人口数、家庭在学结构、家庭健康结构4个变量进行衡量。同时，家庭责任是家庭成员间的共担，其他家庭成员通过就业对家庭经济负担的分担，可能在一定程度上缓解家庭成员的压力，进而影响工作的选择。因此，本研究将家庭其他成员工作状况纳入考察范围。

家庭少儿人口数，即对家庭中的18岁以下的未成年人口数量进行统计，为数值型连续变量。家庭在学结构，即对处于全教育阶段的（从幼儿到大学及以上阶段）家庭人口进行统计。初步分析后发现，义务教育阶段是一个重要的分水岭，因此，将家庭在学结构操作化为是否有非义务教育阶段在学者（是为1，否为0）。家庭老年人口数，即对家庭60岁及以上家庭人口数进行统计，为数值型连续变量。家庭健康结构主要考察家庭是否有生活不能自理的人员（0为家庭无生活不能自理者，1为家庭有生活不能自理者），为二分虚拟变量。家庭其他成员就业，即考察家庭其他成员是否就业（是为1，否为0）。

(三) 控制变量设置

控制变量包括一些可能影响城市贫困者就业的因素，如年龄、受教育程度、婚姻状况（1为未婚，2为已婚有配偶，3为已婚无配偶）、健康状况（0为不健康但生活能自理，1为健康）。

同时，将性别（0为男，1为女）纳入其中，并作为分组变量。变量的描述统计，如表5-17所示。

表 5-17 变量描述统计 (N = 519)

		最小值	最大值	平均值	标准差
被解释变量	工作	0	1	0.30	0.46
家庭特征变量	家庭少儿人口数	0	2	0.17	0.39
	家庭在学结构	0	1	0.42	0.49
	家庭老年人口数	0	2	0.10	0.36
	家庭健康结构	0	1	0.07	0.25
	家庭其他成员就业	0	1	0.35	0.48
个人特征变量	年龄	40	59	48.71	4.76
	受教育程度	1	6	3.14	0.91
	婚姻状况	1	3	2.20	0.56
	健康状况	0	1	1.44	0.50
	性别	0	1	1.48	0.50

三 分析与结果

(一) 描述分析

根据表 5-18，本研究对城市贫困中年的工作状况及其无工作原因进行描述统计结果显示，总体上，城市贫困中年就业状况不佳，有工作比例仅为 27.66%。比较男性与女性的就业状况，就业率均不足 30%，但女性的就业率显著低于男性。分析未就业原因发现，个人健康是无工作的最主要因素，其次为结构性因素（如下岗、退休等），因家庭照料需要未就业的占比居第三位，为 13.18%。比较性别差异发现，在家庭照料方面，两性表现明显不同，女性因照料未就业比例达到 23.33%，而男性仅为 3.26%，男性更多是出于个人健康因素未就业。本研究初步得出结论，对城市贫困中年来说，女性面临工作-家庭冲突的可能性高于男性。

表5-18 城市贫困中年的就业状况描述

单位：%

		总体（$N=429$）	男性（$N=217$）	女性（$N=212$）
工作	无	72.34	70.23	74.65
	有	27.66	29.77	25.35
	N	593	309	284
无工作原因	个人健康	60	68.84	50.95
	技能不足	5.41	5.58	5.24
	家庭照料	13.18	3.26	23.33
	结构性因素	19.29	20	18.57
	其他	2.12	2.33	1.91

根据表5-19的数据，本研究对不同家庭特征变量下的工作状况进行分析发现，家庭特征中包含促进工作和抑制工作的两类不同变量。家中有少儿、有在学者、有其他成员就业的受访者工作的概率显著增加；而家中有老人、有生活不能自理者的受访者工作的概率则显著降低，卡方检验均在0.05水平下通过了显著性检验。

表5-19 不同家庭特征下的工作状况（$N=519$）

单位：%

是否有工作	家中有少儿		家中有在学者		家中有老人		家中有生活不能自理者		家中其他成员就业	
	否	是	否	是	否	是	否	是	否	是
无	72.19	61.29	83.21	62.62	71.38	81.82	70.93	81.82	73.8	63.87
有	27.81	38.71	16.79	37.38	28.62	18.18	29.07	18.18	26.2	36.13

（二）影响因素比较分析

根据表5-20的数据，在控制个人特征变量后，本研究考察了家庭特征变量对城市贫困中年的工作影响。模型5（4）a纳入全体样本。模型5（4）b和模型5（4）c分别纳入中年男性样本和中年女性样本，对男性和女性的性别差异进行比较分析。从总体来看，家庭在学结构、家庭其他成员的就业状况显著影响受访者的工作选择。家中有非义务教育阶段的在学者，将显著提高其工作的可能性；同时，家庭其他成员就业，也能促进其就业。而个体健康状况不佳，会显著降低受访者工作的可能性。以未婚为参照，本研究发现已婚无配偶的婚姻状态，会增加受访者工作的可能性。性别差异显著，女性受访者工作的概率仅为男性的0.57倍。家庭少儿人口、老年人口的多少以及家庭是否有长期需要照护的人口，并未表现出对受访者就业的显著影响。

在传统中国社会，一直存在着"男主外，女主内"的角色分工。这种角色分工使得两性在选择工作还是家庭时，因其对家庭的角色认知不同，会做出不同的选择。因此，模型5（4）b和模型5（4）c分别对两性在面临这一问题时的选择进行了分析。

研究发现，家庭少儿人口数、家庭老年人口数对男性和女性就业的影响均不显著。但比较OR值，我们却可以看到一点趋势上的差异。在承担养育孩子的责任上，男性和女性表现出了一致性，家庭子女数越多，其越倾向于工作；但在家庭老年人口数的影响上，二者出现了背离。当家庭老年人口多时，男性更倾向于工作，女性留在家中的可能性增大。同时，家庭其他成员的就业状况对男性有显著影响，但对于女性，无显著影响。同时，我们发现健康对两性的影响同样显著，这与前文的发现一致，即在未就业原因自答中，健康因素都是影响就业的关键。婚姻在男性和女性的就业中扮演了不同的角色，对男性来说，婚姻意味着需要承担挣钱养家的责任；而对女性来说，则意味着应该承担更多家庭内部的责任，所以对比未婚者，已婚有配偶的城市贫困中年表现出了性别差异。

表5-20 家庭特征变量对城市贫困中年工作影响的性别差异分析

		模型5（4）a OR（系数）	模型5（4）b OR（系数）	模型5（4）c OR（系数）
家庭特征变量	家庭少儿人口数	1.13（0.12）	0.72（-0.33）	1.13（0.12）
	家庭在学结构	2.11（0.75）***	1.89（0.64）***	2.18（0.78）***
	家庭老年人口数	0.85（-0.16）	1.14（0.13）	0.52（-0.65）
	家庭健康结构	1.46（0.38）	2.35（0.85）*	0.58（-0.55）
	家庭其他成员就业	1.98（0.69）***	2.48（0.91）***	1.50（0.41）
个人特征变量	年龄	0.97（-0.03）	0.99（-0.01）	0.95（-0.05）
	健康状况（参照：不健康但能自理）	3.17（1.15）***	4.11（1.41）***	2.34（0.85）***
	受教育程度	0.94（-0.06）	1.03（0.03）	0.87（-0.14）
	已婚有配偶（参照：未婚）	1.68（0.52）	1.68（0.52）	0.33（-1.12）***
	已婚无配偶（参照：未婚）	3.05（1.12）***	1.67（0.51）	1.00（0.00）
	性别（参照：男）	0.57（-0.55）***		
	截距	0.29（-1.24）	0.09（-2.46）	4.42（1.49）
	观测值	546	281	259
	Pseudo R^2	0.1112***	0.1501***	0.1068***

* $p<0.05$，*** $p<0.01$，*** $p<0.001$。

（三）稳健性检验

为了进一步考察城市贫困中年性别差异对工作-家庭选择的影响，本部分将用家庭教育支出和家庭其他成员自付医疗支出替代家庭在学结构和家庭健康结构，对上述3个模型进行重新回归分析发现，男女两性在工作-家庭平衡上仍具有显著差异，子女教育仍是促进城市贫困中年就业的显著因素；而家庭健康因素在促进男性更多投入劳动力市场的同时，也会抑制女性走向工作岗位

(见表 5-21)。

表 5-21 稳健性检验

工作	模型 5 (4) a OR (系数)	模型 5 (4) b OR (系数)	模型 5 (4) c OR (系数)
家庭教育支出	1.04 (0.034)**	1.01 (0.008)	1.05 (.046)**
家庭其他成员自付医疗支出	0.99 (0.003)	1.03 (0.017)*	0.99 (-0.010)

$^* p<0.05, ^{**} p<0.01, ^{***} p<0.001$。

四 总结与讨论

本部分对城市贫困中年的工作-家庭平衡问题进行性别分析，主要得出以下结论。第一，从描述统计来看，城市贫困中年的总体就业状况不佳，女性相较于男性，就业的可能性更小。家庭特征变量（如家庭在学结构、家庭健康结构、人口结构以及家庭的就业结构）对就业有显著影响。因家庭照料未就业的情况在女性中更加突出。第二，从实证分析结果来看，家庭在学结构对城市贫困中年就业的影响十分显著，家中有非义务教育阶段子女，其就业的可能性显著提高，且女性就业的概率高于男性。针对非义务教育阶段，家庭在教育上的投入更多，特别是在子女进入大学后，教育性支出显著增加。笔者在对城市贫困群体的访谈中发现，这一群体将生活改善、脱贫的希望寄托于下一代的倾向十分明显。而子女是否进入大学很关键，如果城市贫困家庭的子女进入大学，其选择就业的动力更强。

第五节 结论

本章考察了城市贫困者的家庭福利状况对就业的影响，主要得出以下两个基本结论。

第一，在家庭照料层面，被照顾者状态对就业的影响突出。家庭成员的健康状况和在学状况对就业有显著影响。医疗支出占家庭净支出比重越大，就业的可能性越小。家庭中有在学者，城市贫困者更可能就业；有非义务教育阶段在学者比有义务教育阶段在学者，城市贫困者就业的可能性更大。

第二，在家庭社会资本层面，家庭社会资本的质量比数量，或者说深度比广度、宽度更重要。家庭中是否有掌握高质量资源的关键人物是核心。

这提示我们，在关注城市低保群体的就业以及其他问题上，以往粗糙的以家庭为单位、"一刀切"的政策难以有效发现和解决城市贫困问题。对于低保家庭，必须深入家庭内部发现隐藏在结构之下的各式各样的家庭形态。同时，相比大量低质量社会交往，高质量有效社交对于就业的作用更为突出，而这正是低保家庭所缺乏的。在反贫困策略上，应该注重对低保家庭社会资本的培育，扩大其有效社交网络，寻求向上的社会交往。

同时，对于家庭内部，特别是城市贫困中年家庭的内部展开分析发现，对于有生活不能自理、需要长期照护的家庭来说，就业与家庭之间的性别差异明显。当面临这一状况时，男性工作的可能性显著增强；而女性更倾向于留在家中。可能的解释是，当家庭中出现生活不能自理者时，城市贫困家庭无力通过市场获得照料支持，必须依靠家庭内部力量。这时，家庭内部需要进行协调和理性选择，由更可能提供充分照料的一方提供照护服务；而在传统的性别分工中，女性被认为是更理想的照顾者。对于贫困中年女性来说，放弃工作选择家庭，是无奈的选择。与一般女性不同，她们不是在就业和家庭照料之间做出选择，因为她们不具备通过市场获取他者支持的机会和能力，所以往往需要放弃就业，以换取对家庭来说更加经济和合理的支持。本研究发现，城市贫困女性的就业环境较为恶劣，大多只能在次级劳动力市场就业，她们从事体力型、临时、非稳定工作，工作时间长、收入低是这一类型工作的特性。她们依靠付出更多努力（如更多时间和体力），仅能维持现有的生活状况。依靠家庭内部分工进行资源整合和分配，并不能帮助其脱离困境。在现实的困境中无法自拔、陷入贫困的恶性循环、把希望寄托于未来，是城市贫困中年的写照；这其中城市贫困中年女性的投入和牺牲，更值得我们关注。这都提示我们，在反贫困政策与家庭政策制定过程中要关注贫困家庭内部的性别差异。在贫困救助中，应坚持家庭立场，加大家庭能力建设的政策支持。应该通过提供灵活就业岗位、提供喘息服务、加强社区照顾等方式，提高城市贫困女性的就业自主性。同时，加大对贫困家庭教育帮扶的力度，阻断贫困代际传递。教育是贫困家庭改变命运的关键。国家应加大长期护理保险制度向弱势群体的倾斜力度，给予相关政策支持，防止因病，特别是因长期照料而陷入贫困的情况出现。

第六章　国家福利与城市贫困者就业

本章考察国家福利对城市贫困者就业产生的影响。国家福利可以分为消极福利和积极福利，一般意义上，救助福利被当作消极福利，而积极劳动力市场政策被当作积极福利。本研究首先描述城市贫困者国家福利的基本状况，在此基础上进一步考察国家福利对就业的影响，找出限制或促进就业的因素。

第一节　国家福利基本状况

一　国家救助福利基本状况

本部分从救助时长、救助结构和救助水平三个方面对国家救助福利进行测量。

（一）救助时长

救助时长，即接受救助持续的时间，表明了贫困的持续时长。我国城市低保实行动态管理，有进有出，当家庭人均收入高于低保救助标准时，根据动态管理原则，将取消其低保领取资格。城市低保原则上应该按月审核，以保证应保尽保和应退尽退的及时性。在实际操作中，受人力、财力等的制约，地方有关部门对低保的审核具有一定的变通性，例如，对于家庭有劳动年龄段成员的受助者，可能1~2个月审核一次，而对于三无、孤老等不易脱贫群体则一季度一核，甚至一年一核。尽管有部分应退者没有及时退保，但固定的年审基本可以保证退出拖延的时间被限定在一定范围内。在严格落实相关制度的情况下，各地基本实现应保尽保、应退尽退。以此为前提，一直领低保被认为是贫困状态的持续。

有研究将陷入贫困时间在5年及以上的状态定义为长期贫困（何晓琦，2004），并指出如果一个人一生中有5年时间或超过5年时间处于贫困状态，那么在剩下的生命时间中，继续处于贫困的可能性将十分大。从分析结果来看，有半数以上（52.38%）的城市贫困者领取低保时间在5年及以上，有21.87%的城市贫困者领取低保时间在10年及以上（见表6-1）。中国的城市低保制度1999年在全国范围建立，至调查时，一些地区先行试点，建立时长更是超过了14年。以此来推算，有一部分人在城市低保制度建立之初就可领取低保。由于制度落实具有一定的滞后性，可以认为有一部分人陷入贫困的时间更久。本书的研究对象为处于劳动年龄段有劳动能力的城市贫困者，其中有相当一部分处于长期贫困状态，这使得问题更加严重。

表6-1 救助时长描述统计（N=590）

单位：人，%

低保领取年限	频数	占比
[0, 1)	19	3.22
[1, 3)	127	21.53
[3, 5)	135	22.88
[5, 10)	180	30.51
[10, 15)	122	20.68
15年及以上	7	1.19

救助时长从静态角度描述贫困的状态；是否有过退保经历则从动态角度描述贫困的状态，对救助时长进行补充。退保意味着贫困状态的脱离，可能是临时性的也可能是长期性的。能够退出低保是对受助者获取收入能力的肯定，部分反映出其就业能力的

提升。分析发现，大部分受助者处于一直领低保状态（占比为97.47%），有过退保经历的很少（占比为2.53%）（见表6-2）。这表明大部分受助者一直维持着贫困的状态，生活状况没有发生本质的变化。

表6-2　救助经历描述统计（$N=594$）

单位：人，%

类型	频数	占比
一直在领低保	579	97.47
在领低保，有过退保经历	15	2.53

（二）救助结构

救助结构，即低保金占社会救助金的比例，反映了低保的资源捆绑情况。很多研究发现，一些城市存在一定程度的"低保倒挂"现象，低保不只意味着生活救助，还意味着其他基于低保的捆绑救助与优惠，这也是福利依赖产生的可能原因。但从均值来看，总体上"低保倒挂"情况不明显，大部分城市贫困者仍以领取低保为主，附加的经济上的相应救助并不突出。但是，这在地区间仍有一定差异，并在低保金占社会救助收入的比例上，呈C市＞W市＞S市的排序（见表6-3）。这同样与地区发展水平有很大关系。

表6-3　救助结构描述统计（$N=584$）

单位：%

城市	均值	标准差
W市	82.16	16.72
C市	86.18	16.61
S市	72.85	21.45

（三）救助水平

本研究将家庭年社会救助收入自然对数作为衡量救助水平的

主要指标。为了更加具体地描述救助水平，还将家庭年人均社会救助收入、家庭年社会救助收入、家庭年低保金、家庭人均月低保金作为辅助变量（见表6-4）。基于地区间经济社会发展水平、社会救助以及低保救助政策的差异，分地区进行考察。

对低保救助水平的确定是以家庭人均收入为基准的。家庭领取的低保救助金等于人均低保金乘以家庭人数。社会救助收入等于低保救助收入加上其他救助收入。其他救助收入的测算较为复杂，在标准上包括了以户为单位、以人为单位、以事件为基准的几种不同形式。不同地区在其他救助项目设置、救助水平和救助方式上均存在差异。但前文的分析表明，低保救助仍是家庭社会救助收入的主体，因此，在测算上也采用了总值和均值的方式。不论从总值还是均值来看，均呈C市<W市<S市的排序，这与地区经济发展水平相一致。从变动幅度来看，同样表现出这一排序，基于低保救助中的差额救助原则，可以认为S市的城市贫困群体内部仍存在较大差异，可能存在较大异质性；而C市城市贫困群体可能同质性更强。城市发展历程和城市类型可能是一个合理的解释。作为老工业基地，C市的结构性贫困或者下岗贫困更为突出；而作为新兴经济特区，S市在产业结构上与C市存在很大不同，经济发展的多样性导致贫困原因更加复杂，贫困程度也就存在一定差异。因此，对地区因素的考虑是研究中不可忽视的。

表6-4 分地区救助水平描述统计（$N=584$）

单位：元

城市	家庭年社会救助收入自然对数 均值	家庭年社会救助收入自然对数 标准差	家庭年社会救助收入 均值	家庭年社会救助收入 标准差	家庭年人均社会救助收入 均值	家庭年人均社会救助收入 标准差	家庭年低保金 均值	家庭年低保金 标准差	家庭人均月低保金 均值	家庭人均月低保金 标准差
W市	8.52	0.50	11840.85	5401.07	5710.58	3136.61	9325.45	3541.63	456.56	173.76
C市	8.04	0.42	8762.87	4617.25	3423.56	2206.77	7176.39	2721.08	247.29	98.95
S市	9.05	0.54	24772.05	9303.61	18280.91	9025.33	18280.91	9025.33	636.34	311.69

(四) 关于国家救助与福利依赖的判断

在关于社会救助与就业的研究中，始终围绕着一个无法摆脱的问题，即社会救助是否会导致"福利依赖"。对福利依赖的界定，存在不同的标准，可以将其归纳为主观测量标准和客观测量标准（张浩淼，2014）。主观测量标准侧重基于就业动机进行判断，认为福利依赖是有劳动能力者依靠救助生活而不愿接受就业机会的一种状态，"是否愿意就业"是判断是否存在福利依赖的最重要标准。基于此标准，根据前文关于劳动年龄段有劳动能力的城市贫困者的就业状况的描述（超过六成的被调查者既没有工作，也没有找工作的打算），可以认为"福利依赖"现象非常严重。客观测量标准侧重基于接受救助状况判断是否存在福利依赖。一种观点是基于接受救助时长进行判断的，认为固定期限内接受救助的时间超过一定限度即是福利依赖，有研究将其界定为1年内有10~12个月接受救助，也有研究认为领取救助金超过2年就是福利依赖，还有研究将标准界定在5年，此外，有研究者基于趋势来判断福利依赖的风险，将领取低保时间作为衡量是否存在福利依赖的标准之一，认为领取救助金时间越长，陷入福利依赖的可能性越大（韩克庆，2012）。另一种观点是根据救助金占家庭年收入比例进行判断的，例如，美国健康和人类服务部将"一个家庭一年中总收入中超过50%的收入来自与工作收入无关的各类救助项目"界定为福利依赖（张浩淼，2014）。从表6-5可以看出，不管采用哪个标准，表面上看城市低保受助家庭的福利依赖现象都是存在的。

本研究认为对福利依赖的界定应坚持主观的就业意愿判断与客观标准相结合的方式。由于我国的低保救助遵循差额救助原则，低保家庭的总收入由低保收入和其他收入构成，应该等于低保线乘以家庭人口数。从理论上讲，低保家庭的总收入应该是定额的，低保收入占总收入的比重越大，意味着其他收入越少，相应地，该家庭中的工资收入也应该越少，这表明就业状况不佳。低保金占家庭收入的比重可以反映就业的情况，但如果以此来衡量是否存在福利依赖，有本末倒置之嫌。因此，本研究将"接受救助时长"作为衡量"福利依赖"的客观标准；将"是否有就业意愿"（针对未就业者）或"是否就业"（针对就业者）作为衡量"福利依赖"的主观标准，将福利依赖界定为接受救助者长期依赖救助生活，不愿接受就业的一种状态。

学界对"长期"的界定存在不同的标准，本研究倾向与"长期贫困"的标准统一，将领取救助5年作为界限；但是对于"不愿就业"的判断存在难度。相关的新闻报道以及学术研究，经常将"福利依赖"与"养懒汉"联系在一起，以上这种观点采用了福利依赖的主观标准，基于就业意愿进行判断。但是在实地调研中笔者发现，就业意愿是一个很难判断的问题，是否愿意就业不是简单地由主观意志决定的，它受到一系列因素的影响，如个人健康、家庭等，"不愿就业"的背后可能另有隐情，使受助者处于就业还是不就业的两难境地，这是我们较难捕捉的。有研究者甚至认为依赖很多时候只是政治家改革的借口。另外，相关的研究也认为，在中国低水平救助的情况下，存在大量的隐性就业，对于这部分状况我们也是难以准确判断的。基于主客观结合的视角，本研究认为对于城市贫困者是否存在"福利依赖"不能轻易下结论，需要对"不愿就业"背后的真实情况进行探索，判断其是主动自我排斥就业市场还是被动排斥就业市场。

表6-5 "福利依赖"验证表 ($N=584$)

单位：%，年

城市	客观标准						主观标准
	低保金占家庭年收入比例		社会救助占家庭年收入比例		低保领取时长		无就业意愿比例
	均值	标准差	均值	标准差	均值	标准差	
W市	49.33	27.49	60.97	31.35	6.77	4.78	66.76
C市	52.04	26.91	61.44	28.51	5.99	3.51	58.06
S市	57.09	26.36	75.56	22.06	4.61	3.24	78.26

二 国家就业支持基本状况

积极劳动力市场政策认为,为社会劳动者和弱势群体提供就业机会远比给他们提供社会救济和失业津贴要好,政府应该采取直接或间接的干预措施为在就业市场中处于劣势的劳动者提供工作机会或提升其就业能力。以增加就业机会为目标的政策,既包括直接的干预措施(如创造工作岗位、提供面向长期失业者的公共就业机会等),也包括间接的干预(如为雇用长期失业者的雇主提供补助金、减免税政策等)。以提高失业者技能和人力资本为目标的政策则通过培训、就业咨询、提供就业指导等方式提高求职者搜寻工作的能力,增加其就业机会,增强失业者的求职动机。

我国目前针对处于劣势的劳动者提供了一系列直接或间接的干预措施,以推动其最终实现就业,主要包括税收减免、小额贷款等间接优惠措施,优先提供工作岗位、提供摊位等直接提供机会的措施,以及以提高就业技能为主的培训等。

分析发现政策的实施效果并不理想。一方面,人们对政策的认知程度较低,各项就业支持政策的知晓率较低,总体知晓率为48.66%,其中小额贷款政策知晓情况略好,约有39.43%的受访者听说过这项政策,其次是就业培训(26.01%)和税收减免(25.67%),而提供摊位政策的知晓率最低,不足15%。另一方面,政策的利用率更低。除优先提供工作岗位的利用率较高,达到24.70%外,其他均不足10%,甚至小额贷款和提供摊位政策在低保群体中未被使用过(见表6-6)。积极劳动力市场政策难以达到预期。

表6-6 就业支持状况描述统计 ($N=595$)

单位:%

听说过	就业支持	税收减免	就业培训	优先提供工作岗位	小额贷款	提供摊位
是	48.66	25.67	26.01	30.20	39.43	14.93
否	51.34	74.33	73.99	69.80	60.57	85.07

续表

使用过	就业支持	税收减免	就业培训	优先提供工作岗位	小额贷款	提供摊位
是	29.50	9.40	5.02	24.70	0	0
否	70.50	90.60	94.98	75.30	100.00	100.00

第二节 国家福利研究假设

假设：城市贫困者的国家福利状况对就业有显著影响。

国家福利具有保障与激励的二重性：一方面保障公民现时和未来的生活维持在一定水平，以避免或缓解可能遭遇的种种社会风险，防止个体和家庭陷入困境；另一方面，通过一系列措施激发公民活力，避免福利资源的滥用或浪费。城市贫困者区别于一般群体的最典型特征体现在国家福利的获得上。除针对所有公民的普遍性国家福利外，救助福利的获得是其最显著的标志，同时基于低保资格，在某些就业福利的获得上，城市贫困者具有一定的优先权。对城市贫困者来说，保障性最突出地体现在国家救助福利的获得上。但是国家救助福利的补缺性导致行动者在就业与救助之间进行权衡，其可能做出放弃就业以获取更多救助的选择，这就导致国家救助福利对就业福利的获得有阻碍作用；国家就业支持是就业领域的主要激励措施，对就业福利获得有推动作用。但是，保障与激励在一定程度上存在矛盾，其对就业结果来说，存在着推、拉两种作用力，促进与阻碍共存。

假设6（1）：国家救助福利的增加阻碍就业福利的获得。

假设6（1）a：领取低保时间越长，城市贫困者就业的可能性越小。

假设6（1）b：低保在社会救助收入中占比越小（与低保捆绑的其他社会救助收入越多），城市贫困者就业的可能性越小。

6（1）c：家庭年社会救助收入越多，城市贫困者就业的可能性越小。

假设6（2）：获得国家就业支持越多，城市贫困者就业可能性越大。

假设6（2）a：参加过就业培训的城市贫困者，就业可能性更大。

假设6（2）b：享受过税收减免政策的城市贫困者，就业可能性更大。

假设6（2）c：享受过优先提供岗位政策的城市贫困者，就业可能性更大。

第三节 国家福利对城市贫困者就业的影响

一 国家救助福利与就业

（一）国家救助与就业状况的描述统计

对于国家救助福利与就业的关系，本研究分别从救助时长、救助结构、救助水平三个层面进行分析。三个指标均被操作化为连续型数值变量，使用 Spearman 等级相关，初步检验三者与就业的相关性。为了更加直观地判断正负相关的意义，此处就业选取二分变量，1 为有工作、0 为没有工作。

首先，基于救助时长分析就业的状况。福利依赖的一个显著特征在于其对就业的负面影响，主要看是否会随福利领取时间的增长出现就业可能性的降低。从简单的 Spearman 相关分析来看，并未表现出显著的差异（$p=0.382$），但是从系数来看，呈微弱的正相关，即领取时间越长，就业可能性反而越大，与之前已有的研究和假设不符，这为探讨中国城市长期贫困者的特性以及福利依赖并不存在的可能性提供了依据。但是否与其他因素有关呢？这需要更加细致的考察。

其次，"是否有过退保经历"基于动态视角考察了救助的持续性与就业的关系。分析发现，尽管"是否有过退保经历"与目前就业状况之间无显著相关性（$p=0.084>0.05$），但从描述统计来看，有过退保经历者的就业比例，以及"没有工作，在找工作"的比例高于一直领低保者。一个可能的解释是之前能够退保，与就业收入增加有关。就业可以脱贫的经历能够增加城市贫困者再次依靠就业摆脱贫困的信心，进而增加其就业的可能性。而一直领低保者缺乏脱贫的经历，可能对于脱贫路径存在更多的疑虑。另外，有退保经历的返贫者可能会对低保的保障性进行质疑，导致其将低保看作一个临时性救助措施，从而更加积极寻求其他手段来保障生活。由于本研究缺乏关于有退保经历者更详细的资料和心理测评，对于上述假设仅停留在推测层面。但这仍提供了一个方向，即持续领取救助金的人脱贫动力更为不足。

表6-7 受助经历与就业状况描述统计（$N=595$）

单位：%

就业状况	一直在领低保	在领低保，有过退保经历
有工作	24.39	33.33
没有工作，在找工作	11.07	26.67
没有工作，不打算找工作	64.53	40.00

再次，基于救助结构分析就业的状况。以往研究将低保的高含金量作为福利依赖的重要影响因素。本研究用低保金占总救助收入比例来衡量低保的含金量，认为比例越低表明附加于低保的其他救助越高，低保含金量越高。分析未发现其与就业之间的显著相关性（$p=0.1832>0.05$）（见表6-8）。但从趋势来看，低保金占比越高，就业的可能性越大；反之，就业的可能性越小。仅依靠简单相关分析证据，可能得出存在福利依赖趋势的结论，似乎与之前的分析矛盾。但是，低保的高含金量背后是否与其他因素有关呢？例如，家庭有在学者，会给予教育救助；有大病患者，会给予医疗救助。而教育救助和医疗救助的金额通常较高，特别

是医疗救助，是其他救助的重要部分。领取这类救助意味着家庭负担和责任的加剧，家庭贫困的形态更加复杂。在上一章的分析中也得出了结论，即家庭的医疗支出占比越高，就业的可能性越小。本研究基于被照顾者状态因素解释了这一结果。

最后，基于救助水平分析就业的状况（见表6-8）。对家庭总社会救助收入、家庭年人均社会救助收入、家庭年低保金以及人均月低保金与就业进行相关分析发现，家庭总社会救助收入越高，就业可能性反而越低；家庭年低保金越高，就业可能性越大；但均无显著相关性。而在均量上，家庭年人均社会救助收入越高、人均月低保金越高，就业可能性反而越低，二者与就业之间均具有统计上的显著相关性（分别在0.01和0.001水平下通过显著性检验）。可能的解释来自对家庭结构、家庭负担的分析。低保救助与社会救助的最大差异在于医疗救助，家庭年社会救助收入越多，则可能是医疗救助占比越大，意味着家庭中照料负担越重，基于照料影响就业的可能性也就越大。家庭年低保金越多，往往意味着家庭贫困人口越多，家庭负担越重，对有劳动能力者来说，就业压力也就越大；人均月低保金排除了家庭数量结构的影响，其金额的确定遵循差额原则，金额越大，意味着家庭越困难，从实地调研情况来看，越可能存在重病重残情况。这也是人均月低保金与就业呈显著负相关的最有力解释。

表6-8　国家救助福利与就业的相关分析（$N=582$）

		Spearman 相关系数	Sig.（双侧）
救助时长	低保领取时长	0.035	0.3946
救助结构	低保金占总救助收入比例	0.055	0.1832
救助水平	家庭年人均社会救助收入	-0.123	0.003**
	家庭总社会救助收入	-0.013	0.758
	家庭年低保金	0.0409	0.3239
	人均月低保金	-0.2386	0.0000***

* $p<0.05$，** $p<0.01$，*** $p<0.001$。

(二) 国家救助对就业福利影响的二元 Logistic 回归分析

上文采用简单相关分析，对国家救助福利与就业之间的关系进行了初步探索。为了更加深入准确地把握二者之间的关系，本部分使用二元 Logistic 回归分析模型，考察在控制了其他变量的情况下，相关因素对就业的影响，以及国家救助福利相关因素总体对就业福利影响的解释力（见表6-9）。

模型6（1）a 仅纳入国家救助福利变量考察该因素对就业的影响。一般观点认为，接受救助时间越长，越可能产生依赖心理，导致就业的积极性降低。前文的分析初步否定了这一假设。在控制其他因素后，再次否定这一假设，本研究发现虽然低保领取时长对是否就业不存在显著影响，但从趋势来看，领取时间长的受助者就业的可能性反而略大。在救助结构方面，之前的假设未被验证，低保金占总救助收入比例与就业之间无显著的相关性，但从 OR 值来看，低保金占比高的受助者其就业的可能性略大。前文对这一结果从被照顾者状态（健康状况）提出了可能性解释。这一解释是否能够站得住脚，需要在后文综合考虑家庭福利与国家福利的影响后，做出判断。在救助水平方面，家庭年人均社会救助收入自然对数与就业之间具有显著相关性（在 0.05 显著水平下通过统计检验），家庭年人均社会救助收入每增加 1%，就业的可能性降低 64.1%。这可能与社会救助收入中医疗救助的占比有关，关系到家庭成员的健康状况。同样需要纳入家庭福利因素后，综合考量。

模型6（1）b 在纳入控制变量后，考察国家救助福利对就业影响的净效应。分析发现，各因素的作用方向与模型6（1）a 保持一致，但是救助水平对就业的影响有所降低，家庭年人均社会救助收入自然对数与就业之间的关系未通过统计检验。综合来看国家救助福利变量，本研究发现不论是救助时长、救助结构还是救助水平对就业的影响都是十分微弱的。所谓领取国家救助会制约就业的假设不成立，国家救助福利对就业不存在反向作用。从国家福利的保障性视角来看，国家救助福利的补缺性并未导致行动者在就业与救助之间进行权衡，而做出放弃就业以获取更多救助的选择。以往有研究者指出在中国低救助水平下，单纯依靠救助而放弃就业的行为不具有普遍性，从而否定了福利依赖的存在。本研究虽然难以从就业意愿角度来判断福利依赖，但在客观标准（救助时长）上未发现救助与就业之间存在必然关系，这在一定程度上支持了已有研究，即认为国家救助不会导致福利依赖。

表6-9 国家救助对就业影响的二元 logistic 回归模型

	模型6（1）a OR（系数）	模型6（1）b OR（系数）
低保领取时长	1.018（0.018）	1.011（0.011）
低保金占总救助收入比例	1.006（0.006）	1.006（0.006）
家庭年人均社会救助收入自然对数	0.641（-0.445）*	0.865（-0.145）
男性（参照组：女性）		1.457（0.377）
年龄		0.963（-0.038）*
已婚有配偶（参照组：未婚）		10.222（2.324）***
离婚单身		9.943（2.297）***
丧偶单身		23.067（3.138）***
C市（参照组：W市）		1.315（0.274）
S市		0.520（-0.653）
截距	6.891（1.930）	0.313（-1.161）
观测值	582	582
Pseudo R^2	0.0139	0.0657***

* $p<0.05$，** $p<0.01$，*** $p<0.001$。

二 国家就业支持与就业

（一）国家就业支持与就业状况的描述统计

前文对城市贫困者使用各项就业支持政策的结果进行了简单的描述分析后发现，总体上就业支持利用率低，主要使用的政策包括三项，即税收减免、优先提供工作岗位和就业培训，其中优先提供工作岗位利用率最高。本部分就从就业支持整体以及三项政策分别来探索就业支持与就业之间的关系（见表6-10）。

从各项就业支持政策与就业的关系来看，相关政策能在一定程度上促进就业，总体上获得就业支持的受助者比未获得就业支持者有工作的比例更高，二者呈显著相关（卡方检验 $p = 0.000$）。具体看各项政策发现，税收减免、优先提供工作岗位政策与就业呈显著相关（卡方检验 p 值分别为 0.001, 0.000），而就业培训并不能显著提升就业的可能性（卡方检验 $p = 0.342 > 0.05$）。相比就业能力的提高，增加就业机会等更直接的就业帮助似乎效果更好。

表6-10 国家就业支持与就业状况描述统计（$N = 595$）

单位：%

就业状况	就业支持 否	就业支持 是	税收减免 否	税收减免 是	就业培训 否	就业培训 是	优先提供工作岗位 否	优先提供工作岗位 是
有工作	18.10	40.00	23.19	37.50	24.20	31.03	18.71	42.47
没有工作，在找工作	11.43	11.43	10.39	21.43	11.13	17.24	11.80	10.27
没有工作，不打算找工作	70.48	48.57	66.42	41.07	64.66	51.72	69.49	47.26

（二）国家就业支持对就业福利影响的二元 Logistic 回归分析

交叉分析和卡方检验直观呈现了就业支持与就业之间的关系，为了更加深入准确地把握二者之间的关系，本部分使用二元 Logistic 回归分析模型，考察在控制了其他变量的情况下，相关因素对就业的影响，以及国家就业支持总体对于就业福利影响的解释力。

模型6（2）a 仅纳入就业支持变量，考察就业支持与就业之间的初步关系，本研究发现二者呈显著相关（在 0.001 显著水平下通过统计检验），获得过就业支持者就业的可能性比未获得过就业支持者高 1.989 倍，表明了积极的劳动力市场政策对于就业的确是有效的（见表6-11）。

模型6（2）b 分别纳入了三个使用率较高的就业支持政策，

考察各项政策对就业的影响。分析发现，在控制了另外两项政策的影响后，仅优先提供工作岗位政策对就业有显著影响。显而易见，享受优先提供工作岗位政策的城市贫困者就业的可能性显著提高，是未获得这一政策支持的城市贫困者就业的 3.061 倍。这表明政府直接干预政策的效果非常理想，通过提供就业机会可以显著提高就业率。

模型 6（2）c 控制相关人口学变量和地区变量后考察三个使用率较高的就业支持政策对就业的影响。结果与模型 6（2）b 基本一致。在控制了其他变量后，税收减免政策对就业有显著影响（在 0.05 显著水平下通过统计检验），享受过税收减免政策的城市贫困者就业的可能性比未享受过该政策的城市贫困者高 1.557 倍。同样，享受优先提供工作岗位政策的城市贫困者就业的可能性更大（在 0.001 显著水平下通过统计检验）。

这一结果同时凸显了三个问题。

第一，就业机会的欠缺可能是城市贫困者不能就业的重要原因。以往有研究认为劳动力市场存在大量就业机会，但接受救助者往往会产生福利依赖，导致其无工作动机。刘继同（2002）否定了这一说法，认为其缺乏经验支持，并指出"劳动市场为劣势群体创造就业机会的数量不足，质量也不高"。本研究通过微观调查数据和实证分析支持了刘继同的观点。同时前文的分析也指出了城市贫困者中的就业者目前从事的多是次级劳动力市场质量较差的工作。能否提供合适的就业机会是促进城市贫困者就业的重要前提，也是真正摆脱贫困的要素。这也再次支持了前文的观点，对于城市贫困者就业意愿的考察需要基于情境辩证的讨论，福利依赖问题需要谨慎。

第二，国家的就业支持政策效果总体不理想。撇开几乎无人使用的小额贷款、提供摊位政策，城市贫困者使用过的就业培训政策没有发挥应有的作用，从 OR 值看，甚至出现了负向作用。在实地调查中，笔者对就业培训问题进行了充分了解，例如，培训的时长、次数，培训的内容、培训的组织者、培训的效果等。笔者发现，就业培训的问题在于这种政策流于形式，培训时间短、次数少，培训项目不合理，脱离实际，导致培训最终成了"走过场"，起不到应有的作用。甚至在一些地方，就业培训成了领取相应救助和优惠的门槛，只有拿到了接受过就业培训的证明，才能够领取失业救济金、办理失业登记等，就业培训成了一些政府部门衡量政绩、衡量工作量的面子工程，"懒政思维"明显。

第三，优先提供工作岗位对于就业和脱贫的意义有多大，值得怀疑。本研究在调查中同样发现了这样的问题，提供的工作岗位主要是公益岗。这种公益岗往往由政府部门设立或提供，涉及的岗位主要是一些非营利性质的服务岗位，如保安、保洁等。这类工作由政府买单，具有工资待遇低、工作时间短的特性。在访谈中甚至发现了以下问题。

> 问：政府有没有给低保对象推荐一些工作？
>
> 答：有啊。我们社区有一些公益岗位，像打扫卫生，做小区的保洁，这些。
>
> 问：这些工作的待遇怎么样？
>
> 答：一个月五六百这样，他们不用每天干，一星期做几次，其实就是给低保户的福利，通过这种方式给他们发点钱。

在实际调研中，还有不少低保户反映这些公益岗不是谁都能够得到的，要靠"关系"。我们看到公益岗位的性质发生了变化，丧失了劳动的意义，成了变相的福利项目，甚至成了权力腐败和权力寻租的出口。

政府积极劳动力市场政策的薄弱使得通过正式支持实现就业的可能性大大降低。伴随着非正式支持功能的弱化，城市贫困者就业的渠道更加狭窄。

表 6-11 国家就业支持对就业影响的二元 logistic 回归模型

	模型 6（2）a OR（系数）	模型 6（2）b OR（系数）	模型 6（2）c OR（系数）
就业支持	2.989（1.095）***		
税收减免		1.897（0.640）	2.557（0.939）*
就业培训		0.573（-0.557）	0.440（-0.822）
优先提供工作岗位		3.061（1.119）***	3.049（1.115）***
男性（参照组：女性）			1.521（0.419）
年龄			0.960（-0.041）*
已婚有配偶（参照组：未婚）			8.369（2.124）***
离婚单身			8.660（2.159）***
丧偶单身			17.744（2.876）***
C 市（参照组：W 市）			1.810（0.593）**
S 市			0.343（-1.070）
截距	0.221（-1.510）***	0.224（-1.498）***	0.129（-2.051）**
观测值	595	595	595
Pseudo R^2	0.0450***	0.0502***	0.1118***

* $p<0.05$，** $p<0.01$，*** $p<0.001$。

三 国家福利对就业的影响分析

本章考察了国家福利对城市贫困者就业的影响。国家福利被操作化为国家救助福利和国家就业支持两个层面。在简单描述统计和探索性分析的基础上，建构二元 Logistic 回归模型，分别考察了国家救助福利和国家就业支持对就业福利的影响。

本部分将同时纳入国家救助福利和国家就业支持，来考察国家福利的综合影响，并将年龄、性别、婚姻状况、地区变量作为控制，考察在控制其他因素的基础上相关因素的净效应。

模型 6（3）a 仅纳入国家福利相关变量，考察国家救助福利与国家就业支持的影响。笔者分析发现，在国家救助福利方面，仅家庭年人均社会救助收入自然对数变量对城市贫困者的就业有显著影响，家庭人均年社会救助收入每增加1%，就业的可能性降低58.2%（在0.01显著水平下通过显著性检验）。在国家就业支持方面，仅优先提供工作岗位政策有显著影响，使用过优先提供工作岗位政策的受助者就业的可能性显著提高，是未使用过该政策的城市贫困者的3.226倍。

模型6（3）b加入控制变量后，考察国家福利对就业福利的影响发现，各变量对就业的影响趋势未发生根本性变化。其中家庭年人均社会救助收入自然对数变量的显著性有所降低（在0.05水平下未通过显著性检验）。国家救助福利相关变量对于城市贫困者的就业均未表现出显著影响。在国家就业支持方面，优先提供工作岗位政策仍然有十分显著的影响，享受了这一政策的受助者就业可能性明显提高。税收减免政策对于就业同样具有一定的显著影响，使用过这一政策的受助者就业的可能性是未享受者的2.507倍。从就业支持来看，直接干预的效果优于间接干预，通过就业培训提升人力资本的效果不明显。虽然不能因此全盘否定就业培训政策，但是，需要反思政策执行是否能够达到预设的目标。

表6-12 国家福利对就业影响的二元logistic回归模型

	模型6（3）a	模型6（3）b
	OR（系数）	OR（系数）
低保领取时长	1.010（0.010）	1.007（0.007）
低保金占总救助收入比例	1.004（0.004）	1.003（0.003）
家庭年人均社会救助收入自然对数	0.582（-0.542）**	0.857（-0.155）
税收减免	1.947（0.667）	2.507（0.919）*
就业培训	0.578（-0.548）	0.436（-0.832）
优先提供工作岗位	3.226（1.171）***	3.093（1.129）***
男性（参照组：女性）		1.507（0.410）
年龄		0.961（-0.040）*
已婚有配偶（参照组：未婚）		7.854（2.061）***
离婚单身		8.424（2.131）***

续表

	模型6（3）a	模型6（3）b
	OR（系数）	OR（系数）
丧偶单身		17.590（2.867）***
C市（参照组：W市）		1.627（0.487）
S市		0.403（-0.908）
截距	13.986（2.638）	0.359（-1.025）
观测值	582	582
Pseudo R^2	0.0674***	0.1152***

* $p<0.05$，** $p<0.01$，*** $p<0.001$。

第四节 结论

通过考察城市贫困者的国家福利状况对就业福利的影响，主要得出以下两个结论。

第一，国家的救助福利并未对就业的获得产生阻碍作用，所谓基于补缺型福利获得的考量而放弃就业的假设是不成立的，也否定了福利领取时长与福利依赖之间的必然性，否定了社会救助与就业动机降低之间的必然联系。从目前的情况来看，城市贫困者为了获取救助而放弃就业的倾向并不明显，可以打消"低保养懒汉"的顾虑。在否定了救助福利对就业影响的同时，需要考虑制约就业的真实原因。

第二，国家就业支持能够促进就业的获得，但这种激励主要体现在国家的直接干预措施上，通过直接的就业机会提供来提高就业是一种有效的方式。但是，这种方式在实践中出现了变异，部分成了政府懒政和寻租的方式。以就业培训为主体的间接干预措施并未发挥应有的作用。本研究从对就业状况的分析中已经指出，城市贫困者的就业质量差，以次级劳动市场就业为主，从事的多是简单重复性体力劳动，技术含量低。同时，城市贫困者的人力资本提升渠道并不畅通,部分以提高人力资本为目标的就业培训流于形式。无法提升就业能力的城市贫困者难以实现高质量就业,导致其长期处于贫困甚至工作贫困的状态,这不符合国家就业支持的初衷。国家的积极劳动力市场政策亟待改进。

第七章　城市贫困者就业行动逻辑

本研究基于福利三角互动视角探讨了在城市贫困者就业过程中，家庭和国家福利对就业的影响，试图回应贫困救助领域的一个经典问题——福利依赖。本研究通过对就业福利基本状况的分析发现，城市贫困者即使有工作，其就业质量也不佳，大多属于次级劳动力市场就业。这些工作贫困者在就业状况、就业类型以及就业形式上具有相似性，以低收入、体力型、非稳定就业为主，甚少有在初级劳动力市场就业者。从调查情况来看，即使其中有少数人在初级劳动力市场就业，也以临时性岗位为主。由于缺乏足够的初级劳动力市场就业信息，本研究将就业福利研究的重心放在是否就业问题上，即回答城市贫困者所获取的家庭福利和国家福利对其是否就业的影响，基于此，本章进一步探讨城市贫困者做出就业选择的考量因素，分析其这一行动的逻辑。

个体能力决定了就业上限，诸多经典研究已经验证了教育与个人收入、职业、阶层之间的关系，证明了教育、收入、职业三者之间的强相关性。城市贫困者是就业中的能动主体，所具有的资源和能力，是其发挥能动性的资本。福利三角的互动体现在城市贫困者的就业行动中。因此，对城市贫困者就业行为选择的讨论是建立在个体能力的基础上的。本书在第四章，对处在结构中的行动者自身进行了考察。在此基础上，分别考察家庭福利和国家福利对就业福利获得的影响，考察二者与就业之间的互动关系。本书第五章和第六章的分析完成了此项工作。

本章将行动者、国家福利和家庭福利纳入同一分析框架，构建城市贫困者就业行动的完整福利三角理论框架。这个框架主要通过三个模型来呈现（见表7-1）。模型7（1）仅纳入人力资本要素，将其作为基准模型。模型7（2）进一步基于家庭福利和国家福利，探讨国家、家庭与市场（就业）之间的互动关系，分析能动的行动者如何在国家、家庭与市场（就业）的互动中做出选择。为了降低人口变量和地区差异对模型的影响，本研究将这些因素作为控制变量，建构模型7（3），并考察行动者、国家、家庭对就业影响的净效应。本研究在这个框架下探讨基于就业行动的国家、家庭与市场的互动关系，并将落脚点定在这一互动模式对就业福利的影响上，以期发现城市贫困者就业行动的逻辑。

表7-1 行动者、家庭、国家对就业影响的二元logistic回归模型

			模型7(1) OR(系数)	模型7(2) OR(系数)	模型7(3) OR(系数)
个体人力资本	教育资本	初中(参照组:小学及以下)	1.777(0.575)	1.459(0.363)	1.232(0.196)
		高中	1.233(0.209)	0.865(-0.140)	0.751(-0.279)
		中专/职高技校	2.381(0.867)*	1.844(0.621)	1.637(0.519)
		大专及以上	1.139(0.130)	0.588(-0.525)	0.497(-0.682)
	健康资本	健康自评	3.644(1.293)***	0.375(-0.959)***	0.369(-0.983)***
		心血管疾病	0.982(-0.018)	1.070(0.074)	1.000-(0.001)
		骨科疾病	2.072(0.728)*	2.091(0.734)*	1.911(0.637)
		肿瘤疾病	0.612(-0.491)	0.931(-0.100)	0.918(-0.119)
家庭福利	家庭内部福利	家中有老人		0.186(-1.646)*	0.216(-1.491)*
		家中有少儿		1.449(0.361)	1.744(0.570)
		劳动力人口数		0.806(-0.180)	1.007(0.071)
		家庭自付医疗支出比		0.232(-1.458)*	0.211(-1.572)*
		在学者最高教育阶段(参照组:无在学者) 义务教育及以下		1.268(0.182)	1.047(0.000)
		高中		3.287(1.168)***	2.771(1.002)**
		大学及以上		2.198(0.760)*	1.703(0.504)*

续表

		模型 7(1) OR(系数)	模型 7(2) OR(系数)	模型 7(3) OR(系数)
家庭福利	家庭外部福利(社会资本) 拜年网规模		0.990(-0.010)	0.983(-0.017)
	拜年网密度		1.116(0.087)	0.971(-0.059)
	职业类型数		0.801(-0.224)	0.853(-0.161)
	单位类型数		1.312(0.269)	1.264(0.234)
	网顶		1.017(0.017)	1.016(0.016)**
国家福利	国家救助福利 低保领取时长(年)		1.018(0.014)	1.006(0.001)
	低保金占总救助比例(%)		1.004(0.003)	1.003(0.002)
	家庭人均年社会救助收入自然对数		0.606(-0.482)	0.847(-0.161)
	国家就业支持 税收减免		1.589(0.471)	1.865(0.632)
	就业培训		0.439(-0.830)	0.370(-1.012)
	优先提供工作岗位		3.048(1.137)***	3.149(1.170)***
控制变量	男性(参照组:女性)			1.730(0.570)*
	年龄			0.979(-0.019)
	已婚有配偶(参照组:未婚)			2.714(0.936)
	离婚单身			3.749(1.332)*
	丧偶单身			6.844(1.930)*
	C市(参照组:W市)			1.163(0.121)
	S市			0.289(-1.247)
截距		1.161(0.150)	17.229(2.695)	0.747(-0.442)
观测值		595	577	577
Pseudo R^2		0.0775***	0.1940***	0.2161***

* $p<0.05$, ** $p<0.01$, *** $p<0.001$。

第一节　人力资本不足制约就业福利获得

行动者是福利三角理论模型中的能动者，同时扮演着三种角色，即家庭照料的承担者、国家福利的接受者、就业行为的主体。福利三角功能的发挥需要作为行动者的受助对象能动性地展现，而其人力资本的状况影响着互动模型的效果。

人力资本的不足制约着就业福利的获得，而其中健康人力资本的作用最为突出，是否健康直接决定了最终的就业结果。分析发现，自我感知健康（健康自评）状况好的城市贫困者就业可能性显著高于自我感知健康状况不佳者。而教育人力资本在城市贫困者的就业中没有发挥显著的助推作用，并未表现出随教育层次的提高，就业可能性提高的趋势。但是，仍能看出接受中专/职高技校教育者的优势。结合城市贫困者的就业现实，健康资本的显著效应以及中专/职高技校的优势，揭示了以下两个问题。

第一，健康在人力资本中的突出地位以及教育资本效应的弱化符合次级劳动力市场以体力劳动为主的就业特征。在这种低质量的就业环境中，体力成为衡量工作适合度的主要标准，导致大批的城市贫困者被排斥在外。城市贫困者在就业市场遭遇了双重的排斥，首先是初级劳动力市场的排斥，将大部分低学历的城市贫困者排斥在外；其次是次级劳动力市场的排斥，将大批不健康的城市贫困者排斥在外。次级劳动力市场对体力劳动、半体力劳动的需求更大，在工作时间上并非严格执行八小时工作制，因此对就业者健康状况的隐性要求凸显。家庭中的主要劳动力健康资本的不足，对家庭福利获取来说更是"雪上加霜"。城市贫困者承担着自我照料与家庭照料的双重责任，一方面，他们需要考量这种就业能否使其兼顾家庭，这进一步挤压了其就业的选择空间；另一方面，这可能进一步消耗他们的健康资本，形成"健康陷阱"，导致其陷入"因病致贫"与"因贫致病"的恶性循环。

第二，在以体力劳动为主的次级劳动力市场，如果城市贫困者能够掌握一项技能同样意味着会有更多就业的机会。本研究将次级劳动力市场界定为"差职业"与"差行业"的合集，但行业以及职业之间仍有差异，存在相对的"好行业"和"好职业"。我们可以看到相对于上过高中甚至大学的城市贫困者，接受了中专/职高技校教育的城市贫困者反而更可能获得就业机会。学校教育在初中之后出现第一次分流，即直接就业、继续学习，对于继续学习者来说，其面临接受不同类型教育的选择，一部分进入普通高中，另一部分则进入职业中专、职业高中或技术学校。相对于普通高中，后者更注重职业技能的培训，其目的是直接为就业市场培养技能型人才。在不同时期，分流政策的导向存在一定差异。在"分配就业"时代，各类中专学校、职业高中、技校更受家长和学生青睐，接受此类教育后更可能获得技术性工作。但伴随时代发展，分流政策导向发生了转变，进入普通高中，进而接受大学教育成为主流选择。教育的分流也会导致在学者工作后在职业类型、行业类型上的差异。在次级劳动力市场中，相对于纯体力劳动者，掌握技能者更容易在这些领域找到工作。

第二节 "家庭失灵"——内外部福利制约就业

从家庭内部福利方面可以看出，照料负担对就业的消极影响。照料负担越重，城市贫困者就业的可能性越低。一是体现在家中是否有老年人口上。老年人身体各项机能开始退化，生活自理能力降低，患病的风险加大，意味着需要更多的照料，特别是对日常生活起居的照料需求会增加。这对照顾者在时间和精力上有一定要求。二是体现在对家中病患的照料，家庭其他成员自付的医疗支出占家庭净支出的比重越大，表明患病者病情越严重，照料需求也就越强。劳动年龄人口作为城市贫困家庭中的主体，承担着赡养和抚育的责任。他们需要为家中的老人和病人提供照料，这就导致照料与就业难以兼顾，进而抑制其就业。

城市贫困家庭对孩子的照料则更多体现在能否为其提供足够的学业支持，特别是当其进入非义务教育阶段，教育支出的增加导致经济压力增加，这成了其就业的动因。从家庭内部来说，家庭的人口结构、成员状态直接影响城市贫困者的就业决策。家庭照料对就业的阻碍也凸显了在家庭服务支持方面的缺陷。而家庭成员的受教育程度对就业的促进作用，在一定程度上反映了中国贫困家庭对教育的重视程度，也反映了家庭将脱贫希望寄托于下一代的心态。与普通家庭的"望子成龙"一样，城市贫困者更少希冀自身的发展和突破，而是对子女寄予厚望，子女教育费用的增长成为他们就业的动力。不管是从物质、经济支持来说，还是从精神上为孩子塑造一个积极健康的形象来说，城市贫困者就业都是最好的选择。在调查中，笔者可以感受到受访者对孩子被贴上低保标签的担忧。这种担忧更易转化为就业动力，进而提升其通过就业摆脱固有贫困低保形象的主动性。

在家庭社会资本方面，社会网络规模的大小、社会资本的成分类型、社会资本的异质性程度对家庭社会资本的有效性并没有产生显著影响。对于城市贫困者来说，家庭社会资本的多样性只是增加了社会网络提供有效资源的可能性，但实证结果表明这种多样性没有提升资源的有效性；资源的质量取决于网顶所处的位置。高质量的社会资本才能够为城市贫困者提供帮助。相比社会资本的数量而言，质量更加重要，但处于社会底层的大部分家庭缺乏的正是这种高质量的社会资本。

从家庭福利来看，城市贫困者一方面承担着家庭照料的责任，另一方面面临着家庭经济互助功能的失效，出现"家庭失灵""内外交困"的局面；内部面临在照料与就业之间做出选择，外部面临有效社会支持不足。虽然部分家庭拥有增加就业机会的"关键人物"，对其实现就业作用显著；但从笔者分析来看，这种资源在城市贫困家庭中并不常见，大部分家庭依靠自身社会资本几乎不可能改变现状。

福利三角关键的家庭一角几乎坍塌，在家庭福利与就业福利的互动中，家庭面临缺位的风险。虽然子女的教育压力促进了城市贫困家庭的就业，但这带有被动意味。在其他方面，家庭福利仍在制约就业福利的获得，城市贫困者不仅难以从家庭获得就业支持，同时还承担着家庭"负福利"——照料的最主要提供者。如何平衡工作和家庭是城市贫困者面临的一个难题。基于道德原则，家庭照料与抚育是家庭成员不可回避的责任，他们需要衡量如何才能更好地履行家庭责任，选择就业履行经济供养的义务是否能够兼顾照料。我们也可以看到，当出现工作-家庭需要平衡时，家庭内部会出现分工，男性通常选择就业，而女性则承担家庭照料的责任，这是一个家庭理性选择的结果。从道德原则出发，假定家庭成员把履行家庭义务作为对其角色的基本要求，并尽最大可能履行，对部分人来说，他们可能会选择不就业。我们很难把这种情况看作福利依赖，因为其动机并未体现"依赖性"，即使长期领取救助而未就业，也是一种"非典型福利依赖"情形。

第三节　直接干预为主的国家福利

在"家庭失灵"的情况下，国家作为福利供给的主体之一，承担了更多的责任。但是，从福利供给方式来看，手段较为单一，以直接干预手段为主。

在国家救助方面，表现为以现金救助为主，其中低保救助是救助福利的主要来源，其他救助与低保捆绑，获得低保资格往往是获取其他救助的前提。前文分析已指出低保领取时长是衡量福利依赖的客观指标，从调查情况来看，大部分受访者是长期受助者，且主观方面表现为就业意愿不强烈。从主客观方面来看，的确存在福利依赖。但是福利依赖程度与救助水平、救助时长、救助结构之间均不存在显著关系，不存在随低保领取时间延长，就

非典型福利依赖：城市贫困者的就业选择与行动逻辑

业可能性降低的趋势；同样未发现低保含金量与就业之间显著相关；领取较高社会救助并不会显著降低就业可能性。国家救助福利与就业间未出现抵消效应。

国家救助福利供给遵循普惠制原则，满足相应条件的贫困者均可以申请，并能获得相应救助。贫困者接受救助，是其基本的权利，因此不应批判这种行为。联系上文的"家庭内部失灵"，所谓的"福利依赖"带有被动性色彩，长期领取低保与就业意愿低之间不存在必然性。从救助者家庭来看，是家庭照料负担束缚了城市贫困者，而非国家救助福利吸引了城市贫困者。为了领取救助放弃就业的假设不成立。有研究也指出，当前以低水平救助为主的中国尚不存在产生福利依赖的土壤，对很多家庭来说，仅依靠救助并不足以维持其基本的生活。在这种情况下，城市贫困者仍没有选择就业，更多与家庭状况和就业机会有关。

本研究也发现，直接提供就业机会的方式，的确会提高就业的概率。享受了优先提供工作岗位政策的城市贫困者，就业的可能性显著提高。国家的直接就业干预措施在就业结果上效果明显。但是，不得不指出一个事实，这种带有公益性质的就业岗位，对脱贫来说还远远不够，城市贫困者往往成了工作贫困者。国家优先提供公益岗位的目的究竟是为了脱贫还是"为了就业而就业"，值得反思。

现金救助和直接提供就业岗位体现了国家福利供给的主要特征，也反映了国家福利供给的不足。国家福利的目标在于实现总体福利的增长，但是不管从现金救助结果还是就业岗位提供来看，都没有改变城市贫困者贫困的事实。从总体福利增长的角度来看，直接干预措施并不成功。

在"家庭失灵"和"直接干预不理想"的双重背景下，如何实现总体福利的增长或者说脱贫呢？在研究之初，笔者已经指出，从补缺型救济模式出发，国家救助福利在总体福利增长上是"失灵"的。同时，研究也发现了直接就业机会的提供效果同样不明显。据此，问题的突破口转到了通过间接干预措施推进高质量的就业上。对于城市贫困者来说，处于福利三角主导地位的国家，面临福利供给模式转型的挑战。

第四节 城市贫困者就业行动逻辑

至此，本研究完成了对城市贫困者就业过程中多主体互动过程的分析。从总体上看，这基本达到了本研究的目标。下面本研究将基于行动目标、行动资源、行动情境与价值规范对行动者的行动逻辑进行总结和梳理，从而对城市贫困者的就业问题形成系统清晰的认识。

如图 7-1 所示，行动逻辑是处在一定的情境状态中的行动者根据行动目标，遵循一定的价值规范，利用行动资源展开行动获得结果的过程。

图 7-1 行动逻辑

作为行动者，城市贫困者选择就业的目标在于总体福利的最大化，而非就业福利的最大化。就业还是不就业是行动者理性选择的过程，这个过程嵌入在社会情境中，面临国家和家庭的结构性制约。在由行动者、国家、家庭和市场共同组成的行动系统中，行动者遵循一定的价值规范，在国家福利、就业福利以及家庭福利之间进行权衡。

图 7-2 呈现了城市贫困者的就业行动逻辑。行动者掌握一定的技能和健康资源，这是其实现市场就业的资本。但是行动者-资源-行动并非处于真空的理想状态，而是处于由家庭和国家构成的情境中，国家福利与家庭福利状况制约着就业福利的获得。

非典型福利依赖：城市贫困者的就业选择与行动逻辑

在图7-2的左半部分描述了受到家庭福利制约的城市贫困者就业行动逻辑。家庭承担着照料和互助的责任，在行动者-家庭-就业的情境模式下，行动者的行为受到家庭责任的规制，在价值规范上体现为利他性，遵循道德原则。当家庭照料与就业发生冲突，需要在二者之间做出选择时，城市贫困者更可能做出不就业的决策。而家庭社会资本的不足导致了家庭外部的零福利状态，从就业机会与就业信息提供角度来看，非正式支持缺失，阻塞了城市贫困者依靠强关系就业的通路。

在图7-2的右半部分描述了受到国家福利影响的城市贫困者就业行动逻辑。国家是公民权利的保护者，是社会冲突的化解者和公共福利的提供者，这是国家的价值规范，其遵循普惠制。在城市贫困问题上，国家主要在两个方面发挥作用。

一是救助福利的提供，将国家与家庭情境相联系，表现出以直接的经济支持为主的特性。低保是其主体，另外还包括捆绑于低保的其他救助与补贴。从本研究来看，补贴所得有限，更大的利益来源于一些专项救助，其中以医疗救助和教育救助为主。低保金的给予部分弥补了生活所需的不足，这是城市贫困者提供家庭照料的重要经济支持。而其他救助特别是医疗救助的提供不只是在经济上补充了照料所需，更从疾病康复层面出发减轻了城市贫困者照料的负担，但从实际效果来看，以事后治疗为主的干预对家庭照料负担减轻的效果并不明显，对城市贫困者就业的间接效应更是甚微。

二是面向城市贫困者的就业支持措施。从政策效果来看，直接干预措施效果明显，就业岗位的提供是促进城市贫困者就业的最有效手段。但是其他间接干预措施效果不佳，如就业培训多流于形式。正式支持手段在就业信息和就业机会提供方面表现出单一性和很大的不足。

由图7-2我们可以看到，城市贫困者的就业选择有其内在逻辑，他们基于自身能力，遵循道德原则和普惠原则，做出对家庭来说的理性选择，实现家庭总体福利的最大化。从分析来看，城市贫困者存在对福利的"依赖"问题，但这种动机是复杂的，很难说这是纯粹的主观逃避就业。当面临要承担家庭照料责任履行时，相应的支持（不管是正式支持还是非正式支持）均不足。没有家庭照料责任承担的替代者，或者缺乏支持者，这导致城市贫困者不得不在照料与工作之间二选一。这里面既有家庭自身"失灵"的原因，也要看到国家以直接干预为主的救助方式，在一定程度上对城市贫困者脱困来说是"失灵"的。家庭与国家之间的通路仍未被打通。"非典型福利依赖"可以被看作对当前救助政策环境的一种反映。

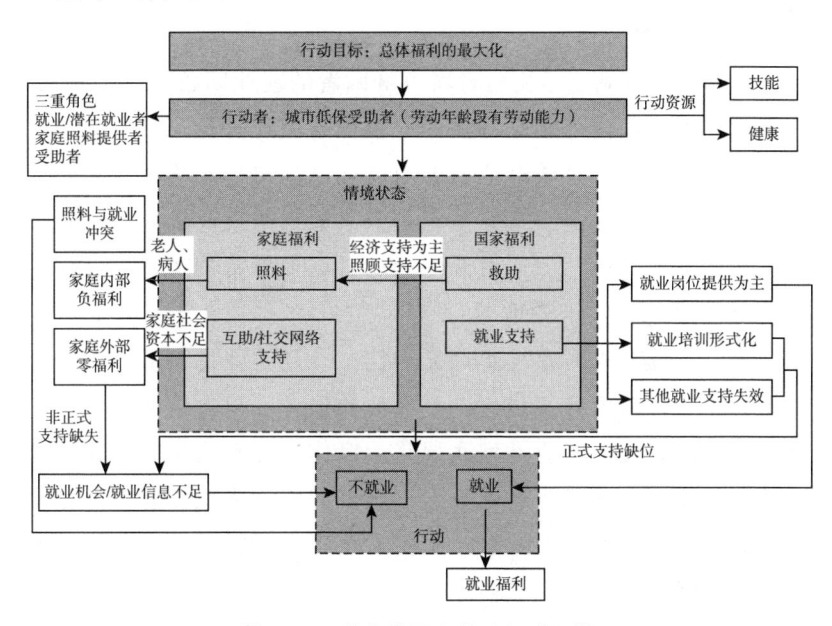

图7-2 城市贫困者就业行动逻辑

第八章　非典型福利依赖：道德与普惠原则共同支配下的就业促进

第一节　实证研究结论

本书基于福利三角视角对城市贫困者的就业问题进行了研究。在吸收和借鉴国内外相关的贫困、救助与就业理论，以及实证研究成果的基础上，对城市贫困者的就业状况进行了描述，并对城市贫困者就业过程中的家庭福利、国家福利与就业福利的互动关系进行了实证分析，归纳出低保行动者就业行动的逻辑。研究结论主要包括以下几个方面。

第一，城市贫困者就业状况不佳。一是就业比例低，大部分城市贫困者目前没有工作；二是就业质量差，以次级劳动力市场就业为主，表现出职业类型底层化、以体力劳动为主、缺乏就业保护的特征；三是就业意愿不强，城市贫困者未就业者大部分没有就业打算，而不可控因素（主要是健康和照料原因）是不就业的最主要因素。

第二，城市贫困者自身能力不足制约就业，特别是健康资本的不足，对就业有巨大影响。以体力劳动为主的就业形式对健康资本的要求高过对教育资本的要求，拥有好的身体条件才能获得更多就业机会，这也揭示了次级劳动力市场的特点，同时，也揭示了就业质量差的一个重要影响因素，即城市贫困者技能的不足。在次级劳动力市场并非受教育层次越高，就业可能性越大，反而

第八章　非典型福利依赖：道德与普惠原则共同支配下的就业促进

掌握一项技能更占优势。要避免体力劳动—消耗健康资本—疾病风险加大—因病致贫—因贫而怠于治病的恶性循环和"健康陷阱"，还应从技能提升方面入手。

第三，在就业福利获得方面，出现了"家庭失灵"。一方面，家庭内部面临照料的压力，作为照料的提供者，城市贫困者缺乏来自家庭内部的责任分担与就业支持；另一方面，家庭外部社会网络功能几乎丧失，家庭社会资本不足，同质性强，依靠家庭社会资本城市贫困者难以实现就业。相对于家庭社会资本的数量，质量更加重要。有力的"关键人物"才是推动就业最重要的家庭社会资本。但城市贫困家庭的社会资本通常存量低、质量差，"关键人物"在城市贫困家庭中并不多见。"家庭零福利"或"家庭负福利"趋势明显，家庭在就业中不仅难以起到助推作用，反而在很大程度上成了阻碍。

第四，城市贫困家庭中的婚姻状态和男女两性的分工不同影响了城市贫困者就业状况。相较于未婚者，有婚姻经历者（含目前在婚和离异、丧偶者）对家庭负有更大的责任，因此也会更加积极的履行就业义务。特别是经历了婚姻失败或家庭破碎者，以及丧偶或离婚的单身者，他们就业的可能性显著高于未婚者。在家庭小型化背景下，他们是家庭唯一或者最主要的劳动力，在缺乏配偶的支持与分担的境遇下，往往需要承担照料与经济的双重压力，丧偶者尤甚。社会需要给予这一群体更多的关注。

男性与女性在家庭中扮演的角色和承担的责任不同，传统的"男主外，女主内"仍发挥效力，导致女性需要承担更多的照料责任，因家务原因不能就业的情况显著多于男性，这导致了男女在就业上的差异，男性就业概率高于女性。与此类似，有子女处于教育阶段，特别是有子女处于非义务教育阶段的城市贫困者会更积极地开展就业活动。这成了促进就业的重要动力。

我们可以看到，家庭在城市贫困者就业中占重要地位，城市贫困者会因家庭照料而放弃就业，也会因履行家庭养育责任而积极就业。围绕家庭需求制定行动策略是城市贫困者就业的重要机制。因此在面临多重压力的情况下，本研究更倾向于认为放弃就业是他们无奈的现实选择。

第五，国家福利供给以直接干预为主，在救助方面表现为以经济支持为主，其中低保救助是主体。同时，本研究发现救助水平、救助结构、救助时长与就业之间无显著相关性，否定了救助与"福利依赖"之间的必然联系的观点，以救助为主体的消极福利供给并未阻碍就业，同时，亦不会推进就业；在积极福利方面，表现为就业支持，同样以直接干预措施为主，提供就业岗位政策对促进就业有显著的影响。但在实地调研中本研究发现，该政策存在变异的风险。"为了工作而工作"的思想倾向值得警惕。

第二节 对城市贫困者福利三角的修正

福利三角理论认为，国家、家庭与市场作为福利供给的主体，它们之间存在互动关系。行动者通过就业建立与市场的关系，获取就业福利；家庭通过互助与支持保持着家庭的团结和家庭福利的增进；国家则通过正式的制度进行福利的再分配。在其中一角福利遭遇风险，特别是就业风险时，其他两角能够通过福利供给分担风险。国家、家庭与市场维持均衡是保障公民福利的基础。本研究纳入了福利三角理论分析框架，对城市贫困者的就业进行分析。实证研究发现，三角的互动难以达到提高福利的效果，"家庭失灵"、以补缺型救济为主的国家福利供给模式仅能维持贫困状态与城市贫困者就业状况差、就业福利不足的状况同时存在，这使得城市贫困者维持着长期的贫困状态，难以实现脱贫的目标。以往在"家庭失灵"和市场遭遇风险时，以国家福利来替补和提高福利的模式遭遇了困境，甚至出现"为了反贫而反贫""为了就业而就业"的政策脱节现象，补缺型救济与就业促进之间缺乏紧密联系，使得城市贫困者脱贫变得异常艰难。

第八章　非典型福利依赖：道德与普惠原则共同支配下的就业促进

本研究坚持总体福利提高的立场，以探讨就业问题。本研究认为对有劳动能力的城市贫困者来说，就业是改变目前贫困状况的最有效途径。这并不只是从福利增长效率角度来考虑的，更是基于实现人的发展，做出的符合主流价值导向的行动策略。同时，就业不是孤立的行动，而是在与家庭和国家的互动中实现的，解决就业问题仍需在总体互动中把握。

从前文对城市贫困者就业行动逻辑的分析发现，三角互动中某些环节的脱节是当前"非典型依赖困境"存在的根本原因，即一是家庭照料与就业之间矛盾的解决；二是非正式支持失效与正式支持缺位的矛盾；三是以经济支持为主的国家福利与服务需求上涨的矛盾。基于此，本研究提出了城市贫困者基于就业促进的福利三角模型的修正。

一　"家庭"的重建

（一）家庭一角的"坍塌"

本书研究主题为城市贫困者的就业问题，对家庭一角主要基于家庭福利与就业的互动进行探讨。从这个意义上来说，家庭就业支持与照料功能的弱化标志着家庭一角主要功能的丧失。本研究发现，总体来说，家庭并未成为城市贫困者就业的助力，反而成了就业行动的限制和阻碍。从就业支持方面来看，在家庭内部城市贫困者作为主要的劳动力，需要承担更多的就业责任，但作为资源和信息的共享者，家庭成员几乎无法提供直接的就业支持，如就业机会、就业岗位、就业信息等。在家庭外部非正式支持网络的断裂导致来自外部家庭社会资本的就业支持缺乏。从福利接受者角度来看，家庭的就业支持功能是失效的。在照料方面，以家庭内成员照料为主，城市贫困者在提供家庭福利的同时，其外出就业也被限制了。

总之，在福利三角理论框架中，家庭作为三角形的一角，已经坍塌，其福利供给功能几乎丧失，特别是在与就业福利的互动中，难以发挥相互促进的作用，导致家庭"失灵"。在"负福利""零福利"向"正福利"转变的意义上，本研究提出了重建"家庭"一角，对遭受破坏的家庭就业支持和照料功能进行修复。

（二）"家庭重建"的关键环节

从前文的分析不难发现，要实现家庭的重建，需要重点解决两个问题，即家庭成员照料和有效的家庭非正式支持网络的重建，这是"家庭重建"的两个关键环节。

家庭成员照顾与就业无法兼顾是造成城市贫困者就业问题的一个重要原因。其中老年照料和病人照料是家庭照顾最突出的两个方面，由于时间的冲突和对精力付出的要求，城市贫困者被限制在家庭中无法外出就业。因此，解决家庭照料问题就成了将城市贫困者从家庭中解放出来的第一个关键环节。

非正式支持网络承担着部分家庭经济支持和就业支持功能。其中，是否有高质量的家庭社会资本是非正式网络支持发挥效应的关键。但是，目前低保家庭的非正式支持网络或者说家庭社会资本都严重不足，如质量差、同质性强、规模小等。这影响了非正式支持网络对城市贫困家庭的支持，特别是在就业方面的支持。重建高质量的非正式支持网络是城市贫困家庭重建的第二个关键环节。

（三）"家庭重建"如何成为可能

化解照料与就业之间矛盾的核心在于降低城市贫困者的照料任务，重新分配城市贫困者有限的时间和精力，将城市贫困者从照料负担中解放出来，重新投入就业市场。因此，降低疾病风险和寻找合适的照料替代主体是解决问题的核心。

1. *降低疾病风险*

在关于疾病问题的询问中，很多受访者不能给出准确的回答，而以某一器官不舒服或疼痛来衡量自身是否健康，存在基于感知来判断是否健康的现象。对于疾病，很多城市贫困者存在这样一种消极心态，即不确诊即无病。"拖病"是这一群体常见的现象。

第八章 非典型福利依赖：道德与普惠原则共同支配下的就业促进

当感知到病痛后，"哪敢去医院，万一查出来有病是治还是不治啊？"是其常见的反应。基层的工作者也反映，即使提供免费的体检，很多低保对象仍选择不查不治，存在逃避的"鸵鸟心态"。很多城市贫困者只有在真正难以忍受病痛时才选择就医，这增加了治愈的困难，也增加了治愈的成本。从照料与就业角度来看，长期的疾病困扰一方面影响城市贫困者就业能力，另一方面也增加了其照料负担。

降低疾病风险的重要一环应放在及时就医上，将事后救助转变为事前预防，特别是对很多慢性病来说，早期的防治更为重要。"久拖成疾""鸵鸟心态"的背后是贫困，是对医疗负担的畏惧。从调查情况来看，虽然大部分城市贫困者及其家庭成员都有医疗保险，但是，缴纳的多是低水平的城镇居民医疗保险，保障范围和报销限制导致很多城市贫困者无法真正从医疗保险中受益。报销比例低、起付门槛高、无法门诊报销，压制了城市贫困者就医的积极性，导致疾病风险增加。因此，降低疾病风险需要从医疗保障制度入手。

2. 照料替代者

寻找合适的照料替代主体，就涉及由谁照料，以及如何照料的问题。在传统家庭中，这些责任均是由家庭成员来承担，赡养老人、照顾病人是基本的价值规范和家庭团结的表现形式。但是照顾与就业矛盾的化解需要一个新的外部照料者。由家庭社交构成的非正式支持网络和政府主导下的正式支持网络可以承担这一责任。但从调查结果来看，在家庭社会资本不足的情况下，依靠城市贫困家庭社会网络不现实，非正式支持网络难以承担这项责任。因此，重建城市贫困家庭非正式支持网络，以及提供一个正规的家庭照料服务支持主体十分必要。这就提出了下一步的问题：如何照料。这需要回答照料服务成本由谁支付、怎样提供服务的问题。

3. 非正式支持网络

非正式支持遵循团结与互助的价值理念，外部网络成员自愿和自发地提供力所能及的照料，但是，这种照料很难实现常态化。如何重建断裂和弱化的家庭社会资本，提高非正式支持的组织化程度，是重建非正式支持网络需要解决的问题。

英国学者珂莱尔·婉格尔等（1998）将社会网络资源按照交往成员类型及互动程度分为五类，即自我局限型、自我涵括型、家庭依赖型、社区依赖型、社区整合型。根据这种分类，低保家庭的社会网络资源以家庭依赖型（与家人交往密切）为主，其社交网络存在一个突出的特点，即以亲人为主，类型单一化，与朋友、邻居、社区、志愿者的交往有限，特别是与后两者（社区和志愿者）的交往几乎不存在。由于资源的同质性强，建立在血缘基础上的家庭依赖型社交网络在资源供给，特别是就业支持方面的作用十分有限。不同于家庭依赖型社交网络，基于地缘（地理距离）的社区非正式支持网络更便于组织和集体行动，也更利于发现和提供生活半径内的就业信息和就业支持。因此，非正式支持网络重建的重点是发展社区范围内的社会网络，特别是加强低保家庭与社区居民、志愿者之间的互动，充分利用社区资源，寻求向上的非正式支持。

4. 正式支持网络

正式支持网络以国家为主体，通过经济支持、服务提供等形式弥补家庭支持的不足。"家庭重建"无法只通过城市贫困家庭自身的力量实现，不管是照料方面还是就业支持方面的问题，家庭内部力量均不能有效解决。而在降低疾病风险、提供照料、就业支持，以及重建社区非正式支持网络等领域，正式支持均有可为。

以上分析可以归纳为两点，一是家庭的重建重点应放在家庭照料与家庭社会资本（非正式支持网络）的重建上。二是家庭自身难以完成重建的任务，需要借助外部的正式支持力量。这就涉及了下面要探讨的第二个问题，国家消极福利向积极福利的转变。

第八章　非典型福利依赖：道德与普惠原则共同支配下的就业促进

二　国家消极福利向积极福利的转变

(一) 消极福利为主的国家福利

研究发现，在城市贫困者的福利三角中，国家福利表现出了以直接干预为主的特征，在救助方面以经济援助为主；在就业支持方面以直接提供就业机会为主。

以往的研究将救助福利界定为消极福利，将积极劳动力市场政策（以就业代替救济）作为积极福利。但是，从政策实践出发，笔者更倾向于将指向人的发展的相关福利作为积极福利。积极福利不只是为了解决贫困问题，更要推动人的发展，强调自我实现和责任。从这个意义上来说，对消极福利的探讨不应以手段为依据，而应根据政策效果来判断。传统的积极劳动力市场理论将就业机会提供作为积极的直接干预的重要方式。但是从实地调查的情况来看，直接的就业机会的提供以低工资、体力劳动工作为主，且这类工作大多具有公益的性质，带有政府"为了就业而就业"的政策色彩，对城市贫困者个人的发展来说效果并不明显。从这个意义上来说，这类福利被看作消极福利。而在"家庭重建"中提到的健康与疾病方面，也涉及一个现实的问题，即国家对疾病和健康的保障以治疗（特别是对大病的救治）为主，而对事前预防不充分，即疾病风险的控制乏力。这同样是消极福利的一个重要表现。由此，本研究认为国家福利具有以消极福利为主的特征。

总体来说，这种消极福利的提供对总体福利的提高是"失灵"的。这主要是因为补缺型福利供给模式的特性。以低保为主的社会救助具有补缺性，其作用的基本机制是对家庭人均收入低于最低生活保障线的家庭给予救助，家庭人均收入的增加意味着救助收入的减少，二者具有互补性。同时，其他方面的专项救助以事件为依据，适当减少家庭福利的过度消耗。这就导致家庭的总收入维持在一个稳定的水平，即维持在最低生活保障线上。从这个意义上来说，城市贫困者就业面临两种可能，一种是能够找到稳

177

定的高质量工作,使总体福利增长,从而彻底摆脱贫困;另一种是持续低质量的就业状态,就业工资被用于抵消救助收入的减少,总体福利不变。如果是后者,那么就业的意义是什么呢?无法解决基本的生存问题,城市贫困者就难以谈及自身的发展。在这种情况下,城市贫困者面对的是一种无奈的现实,虽然努力追求个体和家庭的发展却不得不面对在贫困线上挣扎的局面。长期处于这种困境,会降低城市贫困者就业的积极性,导致其失去脱贫的信心和意志。

赫兹伯格(2009)的双因素理论指出,在工作中存在消除人们不满的保健因素和增进满意度的激励因素。消极福利只能弥补生存的不足,降低贫困者对生活的不满,并不会增加贫困者的满意度。而积极福利定位于家庭和人的发展,以及个体的自我实现,通过消除现有的制约因素(如家庭照料负担、低质量就业等),从根本上改变目前贫困的状态,提高贫困者的满意度。只有彻底解决贫困问题,才能激发个人活力和生活积极性。局面扭转的关键在于将个体从家庭中解放出来,让其实现高质量的就业,保障就业带来的收益高于不就业的收益,这就要求国家消极福利向积极福利转变。

(二)消极福利向积极福利的转变

本研究从以下几个方面探讨国家消极福利向积极福利的转变。

第一,面向家庭的经济援助向服务支持的转变。前文已经提到,制约城市贫困者就业的最主要家庭因素是家庭的照料负担,这不是经济援助可以解决的问题。但目前的国家救助仍以经济援助为主,仅仅满足了生存的需要却无法解决家庭的其他同样迫切的问题。虽然实证分析显示大部分城市贫困者目前无就业打算,但无法判断这是主动还是无奈的选择,其中家庭照料可能是其无奈放弃就业的动因。在重新支撑起家庭一角后,剔除了其他因素的制约,才能够更加真实地判断城市贫困者的就业意愿,也才能够制定出有针对性的就业支持政策。

第八章 非典型福利依赖：道德与普惠原则共同支配下的就业促进

经济援助向服务支持导向政策转变，可以通过提供照料服务和医疗服务（如老年照料、家庭医疗服务），将城市贫困者从家庭照料中解放出来，使其重新投入劳动力市场。目前，针对老年照料的相关服务支持在不少地区和城市已经展开，主要是采用在社区建立日间照料中心的形式，但服务对象多为行动基本自如、不需要特别照料的老人，而针对行动能力差的居家老人的上门照料服务不足。针对患病者的健康和医疗服务支持同样欠缺，这部分群体的照料责任仍然需要家庭来承担。经济援助向服务支持转变，应当以贫困家庭的需求为导向，使服务项目设置贴合实际，提供符合城市贫困家庭特点的照料服务和医疗支持。

第二，救助支持向就业支持的转变。贫困救济是保障贫困者基本生活的最直接手段。但是，在满足人们生存需要的同时，还应进一步关注人的发展需求，如能力发展与自我实现。人的发展仅仅通过救助难以实现，这是救助支持向就业支持转变的最主要动因。

低保制度在实际和执行中存在不合理性，较为突出的是差额救助的补缺型模式导致了通过就业增长的福利被救助福利的削减所抵消，这不利于城市贫困者主动选择就业。虽然实证分析没有发现救助会降低就业动机的证据，但工作贫困的存在表明了救助与就业之间存在问题。从福利最大化角度来看，城市贫困者需要在救助与就业之间进行权衡。只有当就业的收益大于救助时，城市贫困者才更愿意选择就业。因此，救助向就业转变的重点在于低保制度设计应该保护就业者，避免救助与就业间非此即彼的简单处理方式。

低保救助与就业关联的政策涉及两大群体，一个是没有工作的低保群体，另一个是工作贫困群体。目前，中央和地方关于城市最低生活保障制度的相关文件和制度安排中，逐渐引入了就业导向机制，关注到没有工作的贫困者的就业问题。例如，《国务院关于进一步加强和改进最低生活保障工作的意见》（以下简称《意见》）强调要鼓励积极就业，并提出了要将"城市最低生活保障与就业联动"，要求"对实现就业的最低生活保障对象，在合算其家庭收入时，可以扣减必要的就业成本"。[①] 根据《意见》的指导精神，各地方也出台了相应的办法。例如，对积极再就业的家庭实行低保渐退，即在就业收入和家庭人均收入超过最低保障标准后，仍可继续享受一定期限的低保救助，且根据家庭困难情况适当延长。但问题在于，有相当部分的家庭在积极就业后，其人均收入仍在最低保障标准以下，所谓的"低保渐退"对于这部分人是不适用的。但是，针对救助期内的就业者，就业收入的豁免、补贴政策仍不完善，负所得税制度的适用性也有待检验。工作贫困的低保群体需要引起国家关注。

救助支持向就业支持转变，这在救助制度安排上需要引入工作导向，确保就业的收益大于不就业者的收益，以此激励城市贫困者就业。相比就业后脱贫者的低保渐退，仍在低保救助期内的工作贫困者的收入豁免、就业补贴、负所得税制同样重要。

同时，救助支持向就业支持转变需要从三个层面循序推进。首先，瞄准待就业群体，扫除来自家庭的就业障碍；这对应的是上文提到的经济援助向服务支持的转变。其次，激励城市贫困劳动群体就业，保障其就业回报；这对应本部分提到的收入豁免、就业补贴、负所得税制以及低保渐退。最后，推进稳定高质量就业，这涉及下面将要谈到的部分，即就业能力的培养。

第三，就业机会提供向就业能力培养的转变。传统积极福利政策主要探讨的是积极的劳动力市场政策，通过直接和间接的干预措施推进就业。但是，实证研究发现，虽然国家和地方出台了一系列的积极劳动力市场就业政策，但是政策与实践环节脱轨，没有发挥其应有的效果。就业支持以直接干预为主，通过直接的

[①] 《国务院关于进一步加强和改进最低生活保障工作的意见》，国发〔2012〕45号，武汉市社会救助政策文件汇编。

第八章 非典型福利依赖：道德与普惠原则共同支配下的就业促进

就业岗位提供来达到就业的目的，但是从岗位的质量、性质、对缓解贫困的帮助等方面来看，都无法达到真正的脱贫目标。

目前，就业岗位提供形式有国家提供、政府购买、企业和社会资助等。其中，国家提供主要是将城市贫困者安排在机关、事业单位、社区的辅助性岗位；政府购买是当政府为公益组织提供经济和政策资助（如税收减免等）时，连带提出岗位安置要求；企业和社会资助是由企业、社会组织和个人推荐资助或提供岗位。从调查结果来看，政府提供和政府购买是最主要的形式，这些工作岗位仍以低薪或高强度的体力劳动为主，往往异化为政府发放福利或企业减税的手段。公益性岗位就业一方面难以真正摆脱贫困，另一方面存在政策异化倾向，成了"为了就业而就业"的政策手段。稳定的高质量就业才是脱贫的关键，因此，提升就业能力非常必要。

目前，在就业支持制度设置中存在就业能力提升项目，主要以就业培训的形式为主。但是，实际效果不理想，存在培训时间短、培训项目设置不合理、与劳动力市场脱节，就业培训流于形式等现象。要真正实现就业能力的提升，需要重新设置就业培训环节，将培训与城市贫困者个体状况相结合，设置符合城市贫困者条件和劳动力市场需求的培训项目。

三 "社会"的介入

上一章指出了福利三角在几个环节上的缺位影响了城市贫困者的就业，例如，照料服务的不足、非正式支持网络的断裂、正式支持网络的不足。这种缺位一方面降低了城市贫困者外出就业的可能性，另一方面减少了其借助外力获得就业的机会。要解决劳动年龄段城市贫困者就业问题，需要弥补以上两个环节的不足。在此基础上，本研究提出了"家庭重建"和国家"消极福利"向"积极福利"转变的观点。基本思路是通过提供家庭照料和医疗支持服务，将城市贫困者的照料负担向外转移，借助外力帮助其

"家庭重建";动员、整合社区资源,重建家庭社交网络,扩展家庭社交网络的范围,寻求向上的非正式支持;转变国家福利供给模式,由消极福利向积极福利转变,强调疾病防御机制、服务提供、就业支持特别是就业能力提升在贫困治理中的作用。概括来说,即通过外部支持提升家庭和城市贫困者自身的行动能力。

外部支持主要作用于以下领域。一是家庭照料与医疗支持服务,主要针对家庭中的老人、病人(包括慢性病人、残疾人、重大疾病者等)提供照料支持和医疗服务,如日常照料、疾病护理、健康检查等。二是社区动员与社区资源整合,扩展非正式支持网络。三是就业支持服务提供,在于实现就业能力与高质量就业岗位的匹配,需要在就业岗位构成、就业能力提升领域发挥作用。四是工作导向的救助制度调整,注重救助制度对积极就业者的保护。五是医疗保障制度调整,通过降低门诊报销门槛、完善"基本药物"和"基本医疗"的免费或优惠制度、加强慢性病防治降低疾病风险,以预防大病和久病的出现。

梳理外部支持的领域发现,"社会"介入具有必要性。

(一) 社会介入的必要性

这里的社会介入是指在公领域中与国家、市场相对应的社会主体,包括社会组织、社会团体、自治组织(如社区、居民委员会等)。之所以提出"社会"介入是与社会治理和政府职能转变的背景下所呼吁的"小政府,大社会"相呼应。党的十八届三中全会中用"社会治理"替代了"社会管理",对国家与社会的关系有了新的认识,其中最突出的是在发挥政府主导作用的同时,鼓励支持社会多元主体参与。《中共中央关于全面深化改革若干重大问题的决定》提出"适合由社会组织提供的公共服务和解决的事项,交由社会组织承担"。[①] 政府将部分职能下放,引入社会力量,强

---

① 《中共中央关于全面深化改革若干重大问题的决定》,人民网,http://politics.people.com.cn/n/2013/1116/c1001-23560979.html,最后访问时间:2015 年 4 月 25 日。

第八章　非典型福利依赖：道德与普惠原则共同支配下的就业促进

调多元参与，是社会治理的重要理念，也是贫困治理的基本方向。在一些领域、一些事情政府应该放手，"在管好自己应该管的事情的同时，将不该管的事情交给社会组织或其他中介机构"（周晓红，2015），这是"社会"介入的重要现实支撑。

涉及社会救济、公共服务、就业与医疗服务等的相关领域正是政府可以放手交由社会参与的主要领域。这种政府主导，社会参与的形式能够最大限度地满足社会需求，同时能够使政府从包揽一切的重负中解脱出来。而国家干预的重点应该放在制度调整与改革上，即社会救助和社会保险制度的完善，以及劳动力市场政策的调控，扮演好"掌舵人"的角色。"社会"介入是积极社会福利的题中应有之义。

（二）"社会"介入的可行空间

具体到本研究，前文提到的外部支持中的家庭照料与医疗支持服务、社区动员和社区资源整合、就业服务支持等领域，社会介入的空间巨大。归结来说，社会介入的切入点有以下几个。

第一，目标群体需求明确。在实地调查中，本研究通过抽样的形式发现了低保家庭在照料、医疗、就业等方面的不足和需求。这是发现需求的一种方式，但这种方式只能用于探索和发现问题，不能用于常态化地解决问题、定位目标。首先，社会组织通过深入基层社区（如以"政府购买社工"的方式），对城市贫困者进行"个案管理"，从接受工作开始，就对申请救助者进行家计调查和追踪调查，全面为贫困家庭及个人进行需求评估，准确定位低保家庭的需求以及需求的变化。其次，进行需求分析，确定当前低保家庭最主要和最迫切的需求，并确定需求间的关联性。城市贫困家庭往往表现出困境的多重性，这些困境又存在相互制约、互相牵制的情况，厘清其中的关系，找准关键点和突破点十分必要。最后，针对评估结果提供服务方案，协调资源来帮助城市贫困者改善生活。

第二，直接服务支持。围绕就业的核心主题，针对城市贫困者的服务支持可以分为两类。一类是针对城市贫困家庭的照料与医疗服务，包括居家照顾、日托照顾、疾病预防等。

居家照顾可分为居家医疗照顾和个人生活照顾，主要针对自理能力差的病患和老人。居家医疗照顾提供上门的医疗诊断、治疗、医疗照顾、医疗指导等，一方面提供专业的康复治疗，维持或恢复家庭成员健康，降低疾病风险，增强独立自主能力；另一方面也部分分担了由城市贫困者承担的看护病患的责任。个人生活照料主要是针对自理能力差的家庭成员的日常生活照料，包括洗澡、移动、家庭康复运动、送餐服务等。

日托照顾一般是在社区服务机构内开展的正规照料服务。

疾病预防服务针对社区全体居民，通过提供预防为主的医疗服务，降低疾病风险，从而降低因病致贫的可能性和可能产生的疾病照料负担。

通过提供针对家庭的照料与医疗服务，"提高有帮助需要的人的生活质量并让他们的亲属从照顾的负担中解脱出来"（潘屹，2011）。

另一类是针对城市贫困者自身的就业服务，包括就业咨询、职业规划、就业培训、就业信息提供等。就业服务的目的在于为城市贫困者就业提供机会，以及提升其就业能力。通过引入凭单制、就业培训券等方式，为受助者提供有效就业信息和有效就业培训，在此过程中还需要建立对服务供给方的激励与控制机制，防止契约失败，充分保障就业服务的有效性。

第三，资源链接。在救助与就业联动环节和非正式支持环节，城市贫困者面临资源的断裂，难以通过自身的力量争取到有效的资源来改善生活和实现就业。这时，社会工作/社会组织作为资源链接者，能够有效地帮助城市贫困者去争取资源。例如，在非正式支持网络重建方面，城市贫困者通过社区公益活动、公共服务加强邻里互助，获得社区支持，帮助其重新融入社区，重获社会资本，重建社会网络，"从而终止在被边缘化的社会格局中继续下

第八章 非典型福利依赖：道德与普惠原则共同支配下的就业促进

滑，甚至转为开始向上流动"（阎明、唐钧，2014）。在就业方面，可以在就业信息提供、就业岗位供给等方面给予支持，包括就业服务公益平台的打造、在招聘中向城市有劳动能力特别是零就业家庭的贫困者倾斜，强化企业社会责任意识，激励、鼓励企业承担更多社会责任，并挖掘相关资源。

（三）准市场："社会"介入的主要方式

在前文提到，"社会"主体包括了社会组织、社会团体、自治组织（如社区、居民委员会）等。有学者用准市场模式描述了社会介入的主要方式，指出在这种模式中，国家的角色是服务监察而非服务的直接提供者。"在社会服务中，地方政府从一系列志愿者部门、私有部门、市场提供系列中采取购买服务的方式……在准市场条件下，需求方的消费购买力不是直接地表达为金钱的概念，而是最终体现为服务的使用。"（潘屹，2011）服务的直接使用者并不参与服务购买决策，代替他们做出这些选择的往往是第三方，如地方政府。"准市场"十分形象准确地把握了常态化的专业社会服务供给方式。

从政府角度来说，作为公共部门的重要职能，减少贫困是公共服务的一项重要内容。政府在改善城市贫困的过程中，不能仅依靠投入的增加和资源的倾斜，更重要的是关注资源配置效率和利用效率的提升，准市场模式在公共性与竞争性之间实现平衡，是城市减贫领域值得发展的重要路径。

四 从"福利三角"到"福利四边形"

本研究将福利三角理论框架进行扩展和修正，纳入社会要素，将其作为新的福利供给主体。通过社会支持，将福利三角中脱节的环节重新链接起来，如图8-1所示。

在家庭层面，社会服务将城市贫困者从家庭照料中解放出来。同时，通过社区动员与社区资源整合，重建了非正式支持网络，并打破原有的边缘化格局，为实现向上流动积累社会资本。

非典型福利依赖：城市贫困者的就业选择与行动逻辑

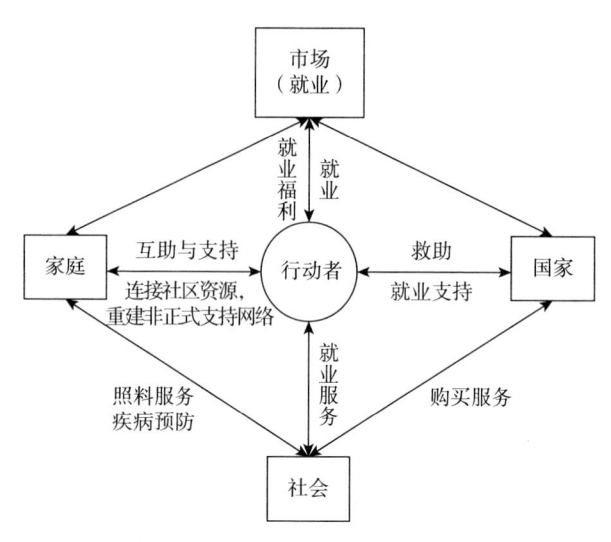

图 8-1 福利四边形：福利三角理论框架的扩展模型

在国家层面，政府通过购买、外包、转移支付等方式，将就业支持的部分服务功能转移给社会组织，以提高就业支持的效率。而政府在必要的社会救助和再分配之外，重点扮演好"掌舵人"的角色，通过制度设计和政策导向，把握福利供给全局。

家庭照料与就业之间矛盾、非正式支持网络失效与正式支持网络缺位的矛盾、以经济支持为主的国家福利与服务需求上涨的矛盾均找到了化解之道。扩展的"福利四边形"在城市贫困者就业问题上实现了新的平衡。

第三节 研究展望

城市反贫困问题一直是学术界研究的重点问题，而就业是贫困治理的重要手段。本研究对城市贫困者的就业问题进行研究，具有重要的理论和现实意义。本研究基于福利三角理论，通过探讨国家和家庭对就业（市场）的影响发现，能动的行动者在家庭和国家构建的情境中遵循怎样的就业逻辑，找出了当前就业逻辑

第八章　非典型福利依赖：道德与普惠原则共同支配下的就业促进

存在的漏洞和不足，并尝试通过扩展福利三角理论框架对现有的问题进行修复，最终建构出一个由国家、家庭、社会和市场（就业）构成的福利多元框架，寻求摆脱"非典型福利依赖"困境的有效途径。

但是，受到技术条件等的限制，仍存在一些问题需要在今后进一步讨论。

一　劳动能力的评估

我国的社会救助制度逐渐引入工作导向，"胡萝卜加大棒"式的工作福利制度受到一些政策制定者和研究者的青睐，地方救助政策中对劳动年龄段群体的救助，越来越强调其就业责任。但是，对目标个体是否具备劳动能力，缺乏严格的界定，这极大地降低了政策在实际中的执行力。在调查中，经常有基层的低保工作者反映，一些看起来很健康的劳动年龄段低保对象以各种健康理由拒绝社区推荐的工作，面对这种情况，基层工作者也无可奈何。此外，另一些城市贫困者同样表示，虽然自己看起来很健康，但实际上的确有较为严重的疾病；因为这种情况不能就业却不被低保工作者理解，而且被当成骗保的投机者。施助方与受助方互相不信任，甚至出现对立局面，凸显了劳动能力评估和健康评估的重要性。劳动能力评估是确定潜在就业者的关键。

关于目标个体是否具备劳动能力的假定带有一定的主观随意性，如本研究采用了主观自评是否能够自理来进行判断。但是研究对象对于自身健康的评估具有一定的主观性，对于同种伤病症状的感觉，个体之间存在差异，从而导致结果的不同。正如上文研究发现，主观健康自评对就业有显著影响，自评不健康的城市贫困者就业的可能性显著低于自评健康者；而客观的健康与否对就业的影响并不显著。主客观健康状况对就业影响的不一致反映了人们对"疾病"所带来的社会、心理和经济后果的预期差异，如健康与福利和义务挂钩可能导致消极评价自身健康的行为，也

非典型福利依赖：城市贫困者的就业选择与行动逻辑

可能导致社会偏见的出现。这种主观评价，增加了研究结果的不确定性，对于研究结论需要批判性反思，并保持适度的质疑。

要打破这种质疑，需要借助科学工具的方法，准确判断城市贫困者的劳动能力。在一项关于"丧失劳动能力及重新就业（WIR）"的跨国比较研究中，研究者对各国关于丧失劳动能力的评估进行了整理（见表8-1）。

表8-1 "丧失劳动能力及重新就业（WIR）"项目管理措施和康复手段主要特点（1994~1997年）

	关于丧失劳动能力的证明文件	丧失劳动能力评估部门	康复措施执行者	福利享有资格的决定权
丹麦	在丧失劳动能力两个月内主治医生的证明	市政社会服务部门	市政社会服务部门	市政社会服务部门对前期抚恤金的评估
德国	在丧失劳动能力收入后第3日主治医生的证明	疾病基金赞助的医疗服务部门	残疾福利金发放机构	伤残类福利发放机构
以色列	职业医生的证明	国家保险机构之工伤分部	委托人，国家保险机构的康复部	国家保险机构之工伤分部
荷兰	没有规定要求证明，有时可以自己证明	社会保障机构	社会保障机构	社会保障机构
瑞典	丧失劳动能力8天后的证明	社会保障机构的医学或非医学专家	社会保障机构、受益人、雇主	与社会保障机构相关的独立委员会
美国	N.J.，Cal.：当申请福利时需要主治医生的医疗证明	私人治疗或咨询医生	委托人、社会保障机构的职业介绍部门	联邦社会保障机构合约下的各州机构

注：N.J. 为新泽西州；Cal. 为加利福尼亚州。

大部分西方国家会依据专业的医疗技术鉴定来确定劳动者是否丧失劳动能力，通过一系列包括背部功能、社会功能、生命力、脑力健康和疼痛程度等有迹可循的健康记录，来判断其是否健康和拥有劳动能力，并由专门机构对证明材料的合法和有效性进行

第八章　非典型福利依赖：道德与普惠原则共同支配下的就业促进

判断。这为我们今后的研究和政策实践提供了有益的借鉴。

二　关于工作与家庭的平衡

本研究的一系列讨论得以展开的一个前提假设是认为"就业是必要的"，即对于有劳动能力的城市贫困者，就业是其摆脱贫困的最有效途径。这实际上坚持了"工作至上"的价值观。就业还是不就业，这不仅关系到人的发展，也是价值观的选择。但是，"工作至上"是否应该成为所有对象坚持的准则呢？有研究者提出了质疑，认为"现代性下的工作至上伦理破坏了人们的生活，使人们在安排时间时总是将工作放在首位，形成工作至上的行为准则，将其上升为普遍的工作伦理。这种工作至上的伦理使人类幸福生活与家人的天伦之乐、情爱等产生内在紧张。无法两者兼顾的人们不得不顾此失彼地忙于工作和家庭之间"（佟新，2012）。本研究也得出一个重要的论点，即城市贫困者的就业行动是在由家庭和国家等构建的情境系统中进行权衡的结果。家庭是影响就业的重要因素。城市贫困者在决定是否就业时，需要考虑家庭因素，在家庭和工作之间进行权衡。本研究坚持"工作至上"和"就业脱贫"的理念，提出了依托社会服务和外部支持实现家庭重建，从而解除来自家庭的限制，为城市贫困者走向就业排除困难。

但在研究中，笔者一直面临着这样一个困惑，即这些城市贫困者走向就业的过程中面临着一系列不可预知的风险和困难，例如，长期与劳动力市场脱节；文化程度低、新知识接受能力弱；高质量就业缺乏预期；特别是对于逐渐接近退休年龄的"40""50"人员和女性群体，强制他们接受这种"工作至上"的价值观是否正确呢？同时，在衡量家庭福利的时候并没有将情感性因素考虑进去，对于病患和老人的照料来说，不只是身体上的照料，同时也是一种情感上的支持。对于他们来说接受社会服务机构提供的照料和来自家人的照料在福利感知上可能存在很大差距，如果考虑情感的支持，对"就业带来低保家庭总体福利增进"的假设进行进一步的验证,对于本研究来说也许会有不同。但难点在于如何衡量这种主观的无形的福利,又如何将这种福利与其他福利相比较?

基于总体福利增进的立场,尽管本研究仍坚持就业是脱贫的重要途径,但在今后的研究中,我们需要基于辩证的视角思考家庭与工作的平衡问题,尝试纳入家庭情感要素,丰富研究过程,得出更加严谨的结论。

三 其他问题

本研究的所有样本均为城市低保对象。如若能够将低收入对象以及已经退出低保的群体纳入分析进行比较,将会得出更加扎实的结论,对现实的指导意义也会更加突出。同时,由于时间和物力的限制,本研究仅选取了三个城市进行数据采集。但是中国的低保政策带有很强的地域色彩,如果能够进一步推广调查,获得更多有效样本,将会为相关研究的深入,以及政策制定和完善提供更多可靠依据。

参考文献

阿比吉特·班纳吉、埃斯特·迪弗洛，2013，《贫穷的本质：我们为什么摆脱不了贫穷》，景芳译，中信出版社。

阿马蒂亚·森，2002，《以自由看待发展》，任赜、于真译，中国人民大学出版社。

阿马蒂亚·森，2003，《评估不平等和贫困的概念性挑战》，《中国社会科学文摘》第5期。

阿马蒂亚·森，2004，《贫困与饥荒》，王宇、王文玉译，商务印书馆。

阿瑟·塞西尔·庇古，2018，《论失业问题》，包玉香译，商务印书馆。

艾伦·迪肯，2011，《福利视角：思潮、意识形态及政策争论》，周薇等译，上海人民出版社。

柏拉图，1986，《理想国》，郭斌和、张竹明译，《商务印书馆》。

边燕杰、李煜，2001，《中国城市家庭的社会网络资本》，载清华大学社会学系主编《清华社会学评论》特辑2，鹭江出版社。

边燕杰、刘翠霞、林聚任，2004，《中国城市中的关系资本与饮食社交：理论模型与经验分析》，《开放时代》第2期。

蔡昉，1999，《转轨时期的就业政策选择：矫正制度性扭曲》，《中国人口科学》第2期。

蔡昉，2004，《人口转变、人口红利与经济增长可持续性——兼论充分就业如何促进经济增长》，《人口研究》第2期。

蔡昉、都阳、王美艳，2001，《户籍制度与劳动力市场保护》，《经济研究》第 12 期。

蔡昉、都阳、王美艳,2001,《户籍制度与劳动力市场保护》,《经济研究》第 12 期。

陈广汉、曾奕、李军,2006,《劳动力市场分割理论的发展与辨析》,《经济理论与经济管理》第 2 期。

陈友华,1991,《中国女性初婚、初育年龄变动的基本情况及其分析》,《中国人口科学》第 5 期。

程贯平、马斌,2003,《改革开放以来我国劳动力市场制度性分割的变迁及其成因》,《理论导刊》第 7 期。

程贯平、马斌,2003,《改革开放以来我国劳动力市场制度性分割的变迁及其成因》,《理论导刊》第 7 期。

慈勤英,2013,《福利依赖:事实抑或建构》,武汉大学出版社。

慈勤英、兰剑,2015,《"福利"与"反福利依赖"——基于城市低保群体的失业与再就业行为分析》,《武汉大学学报》(哲学社会科学版)第 4 期。

慈勤英、王卓祺,2006,《失业者的再就业选择——最低生活保障制度的微观分析》,《社会学研究》第 3 期。

慈勤英、王卓祺,2006,《失业者的再就业选择——最低生活保障制度的微观分析》,《社会学研究》第 3 期。

戴维·罗默,2003,《高级宏观经济学》,王根蓓译,上海财经大学出版社。

邓大松,2002,《社会保险》,中国劳动与社会保障出版社。

丁冬、王秀华、郑风田,2013,《社会资本、农户福利与贫困——基于河南省农户调查数据》,《中国人口·资源与环境》第 7 期。

厄内斯特、玛丽·姆邦达,2005,《贫困是对人权的侵犯:论脱贫的权利》,《国际社会科学杂志》(中文版)第 2 期。

费雷德里克·赫茨伯格,2009,《赫茨伯格的双因素理论》,张湛译,中国人民大学出版社。

费孝通，2013，《乡土中国．修订本》，上海人民出版社。

福兰克·S. 布劳茨、瑞因科·普林斯，2004，《重新就业——关于"丧失劳动能力和重新就业"问题的跨国比较研究》，徐凡译，中国劳动社会保障出版社。

高聪静，1998，《上海再就业工作情况及对策建议》，《上海综合经济》第 8 期。

高功敬，2014，《国家福利功能的正当性研究》，山东大学，博士学位论文。

高梦滔、姚洋，2005，《健康风险冲击对农户收入的影响》，《经济研究》第 12 期。

哥斯塔·埃斯平-安德森，2010，《福利资本主义的三个世界》，苗正民、滕玉英译，商务印书馆。

顾昕、高梦滔，2006，《超越剩余型福利模式：论社会安全网的城乡一体化》，《浙江学刊》第 5 期。

郭丛斌，2004，《二元制劳动力市场分割理论在中国的验证》，《清华大学教育研究》第 8 期。

韩克庆、郭瑜，2012，《"福利依赖"是否存在？——中国城市低保制度的一个实证研究》，《社会学研究》第 2 期。

韩克庆、刘喜堂，2008，《城市低保制度的研究现状、问题与对策》，《社会科学》第 11 期。

郝大海、李路路，2006，《区域差异改革中的国家垄断与收入不平等——基于 2003 年全国综合社会调查资料》，《中国社会科学》第 2 期。

何晓琦，2004，《长期贫困的定义与特征》，《贵州财经学院学报》第 6 期。

贺巧知，2003，《城市贫困的延续性研究》，《社会福利》第 5 期。

贺巧知、慈勤英，2003，《城镇贫困：结构成因与文化发展》，《城市问题》第 3 期。

洪大用，2003，《中国城市扶贫政策的缺陷及其改进方向分析》，

《江苏社会科学》第 2 期。

洪大用，2004，《完善社会救助 促进社会和谐》，《教学与研究》第 12 期。

洪大用，2005，《试论中国城市低保制度实践的延伸效果及其演进方向》，《社会》第 3 期。

胡杰成，2003，《城市贫困者的自助与他助——从提升贫困者社会资本视角的透视》，《青年研究》第 12 期。

胡立杰，2008，《我国城镇贫困问题分析》，《社会科学辑刊》第 3 期。

黄晨熹，2004，《标准构建、就业动机和欺瞒预防——发达国家社会救助的经验及其对上海的意义》，《华东理工大学学报》（社会科学版）第 2 期。

黄晨熹，2005，《社会救助的概念、类型和体制：不同视角的比较》，《华东师范大学学报》（哲学社会科学版）第 3 期。

黄晨熹，2007，《城市低保对象求职行为的影响因素及相关制度安排研究——以上海为例》，《社会学研究》第 1 期。

黄晨熹，2009，《城市低保对象动态管理研究：基于"救助生涯"的视角》，《人口与发展》第 6 期。

黄晨熹，2010，《我国福利制度的特点及未来走向》，《人文杂志》第 6 期。

黄晨熹、王大奔等，2005，《让就业有利可图——完善上海城市最低生活保障制度研究》，《市场与人口分析》第 3 期。

加里·贝克，2007，《人力资本理论》，郭虹译，中信出版社。

姜佳将，2015，《工作－家庭平衡状况的性别差异及影响因素研究》，《浙江学刊》第 3 期。

蒋选、韩林芝，2009，《教育与消除贫困：研究动态与中国农村的实证研究》，《中央财经大学学报》第 3 期。

景天魁、彭华民等，2009，《西方社会福利理论前沿：论国家、社会、体制与政策》，中国社会出版社。

珂莱尔·婉格尔、刘精明，1998，《北京老年人社会支持网调查——兼与英国利物浦老年社会支持网对比》，《社会学研究》第2期。

赖德胜，1996，《论劳动力市场的制度性分割》，《经济科学》第6期。

赖德胜，2001a，《劳动力市场分割与大学毕业生失业》，《北京师范大学学报》（社会科学版）第4期。

赖德胜，2001b，《欧盟一体化进程中的劳动力市场分割》，《世界经济》第4期。

赖德胜、田永坡，2004，《社会保障与人力资本投资》，《中国人口科学》第2期。

冷熙亮、丁金宏，2000，《城市非正规就业发展及其问题——以上海为例的探讨》，《社会》第11期。

李谷成、冯中朝、范丽霞，2006，《教育、健康与农民收入增长——来自转型期湖北省农村的证据》，《中国农村经济》第1期。

李海静等，2010，《中国人力资本测度与指数建构》，《经济研究》第8期。

李慧斌、杨雪冬，2000，《社会资本与经济发展》，社会科学文献出版社。

李建民，1999，《人力资本通论》，上海三联书店。

李建民，2002，《中国劳动力市场多重分隔及其对劳动力供求的影响》，《中国人口科学》第2期。

李培林、张翼、赵延东、梁栋，2005，《社会冲突与阶级意识：当代中国社会矛盾问题研究》，社会科学文献出版社。

李培林、张翼，2003，《走出生活逆境的阴影——失业下岗职工再就业中的"人力资本失灵"研究》，《中国社会科学》第5期。

李实，1997，《中国经济转轨中劳动力流动模型》，《经济研究》第1期。

李学举，2008，《民政30年》，中国社会出版社。

林闽钢，2007，《社会保障国际比较》，科学出版社。

林闽钢，2010，《城市贫困家庭救助中存在的问题》，《中国社会报》11月20日第3版。

林闽钢，2013a，《底层公众现实利益的制度化保障——新型社会救助体系的目标和发展路径》，《人民论坛·学术前沿》第13期。

林闽钢，2013b，《缓解城市贫困家庭代际传递的政策体系》，《苏州大学学报》(哲学社会科学版) 第3期。

林闽钢、梁誉、刘璐婵，2014，《中国贫困家庭类型、需求和服务支持研究——基于"中国城乡困难家庭社会政策支持系统建设"项目的调查》，《天津行政学院学报》第3期。

林闽钢、马艳燕，2013，《为城市低保贫困家庭提供社会救助服务》，《中国社会科学报》8月30日第B02版。

林闽钢、吴小芳，2010，《代际分化视角下的东亚福利体制》，《中国社会科学》第5期。

林闽钢、祝建华，2011，《我国城市低保家庭脆弱性的比较分析》，《社会保障研究》第6期。

刘春怡，2011，《转型期我国城市贫困人口的社会救助问题研究》，吉林大学，博士学位论文。

刘国恩、William H. Dow、傅正泓、John Akin，2004，《中国的健康人力资本与收入增长》，《经济学》(季刊) 第41期。

刘继同，2002，《就业与福利：欧美国家的社区就业理论与政策模式》，《欧洲》第5期。

刘继同，2005，《网格化与梯级多层次市场结构：转型期中国就业政策与福利状况》，《经济评论》第5期。

刘娟、赵国昌，2009，《城市两性初婚年龄模式分析——基于中国综合社会调查2005年度数据》，《人口与发展》第4期。

刘璐婵，2016a，《"福利依赖"概念的建构逻辑——兼论中国"福利依赖"概念的选择》，《天府新论》第1期。

刘璐婵，2016b，《城市低保制度中的"非典型福利依赖"研究》，南京大学,博士学位论文。

刘璐婵,2019,《福利体制视域中的"福利依赖":三条路径与五个面向》,《社会建设》第2期。

刘璐婵、林闽钢,2017,《"福利依赖":典型与非典型的理论透视》,《社会政策研究》第2期。

刘喜堂、武增峰,2012,《以家庭为核心构筑福利救助体系——法国、匈牙利社会救助制度及其启示》,《中国民政》第2期。

刘修岩、章元、贺小海,2007,《教育与消除农村贫困:基于上海市农户调查数据的实证研究》,《中国农村经济》第10期。

吕娜,2009,《健康人力资本与经济增长研究文献综述》,《经济评论》第6期。

罗伯特·D.帕特南,2001,《使民主运转起来》,王列、赖海榕译,江西人民出版社。

罗伯特·平克、刘继同,2013,《"公民权"与"福利国家"的理论基础:T.H.马歇尔福利思想综述》,《社会福利》(理论版)第1期。

罗红光,2013,《"家庭福利"文化与中国福利制度建设》,《社会学研究》第3期。

马凤芝,2010,《转型期社会福利的内卷化及其制度意义:城市下岗失业贫困妇女求助和受助经验的叙述分析》,北京大学出版社。

苗兴壮,2001,《影响下岗职工再就业的因素分析》,《江南论坛》第12期。

莫荣,2005,《2005中国就业形势展望》,《中国人力资源社会保障》第1期。

尼尔·吉尔伯特、芮贝卡·A.范·沃黑斯编,2004,《激活失业者——工作导向型政策跨国比较研究》,王金龙等译,中国劳动社会保障出版社。

尼尔·吉尔伯特编,2004,《社会福利的目标定位——全球发展趋势与展望》，郑秉文等译，中国劳动社会保障出版社。

聂佃忠、李庆梅，2009，《负所得税的国外借鉴及中国低保的重构》，人民出版社。

宁亚芳，2013，《北京市城市最低生活保障制度就业激励机制的优化——基于负所得税视角》，《社会保障研究（北京）》第2期。

欧文·费雪，2017，《资本和收入的性质》，谷宏伟、卢欣译，商务印书馆。

帕特丽夏·威奈尔特等，2004，《就业能力——从理论到实践》，郭瑞卿译，中国劳动社会保障出版社。

潘屹，2011，《西欧社会服务的概念和实践以及发展趋势》，载岳经纶等主编《社会服务：从经济保障到服务保障》，中国社会出版社。

彭华民，2006，《福利三角：一个社会政策分析的范式》，《社会学研究》第4期。

彭华民，2007，《福利三角中的社会排斥——对中国城市新贫困社群的一个实证研究》，上海人民出版社。

彭华民，2007，《福利三角中的社会排斥》，上海人民出版社。

彭华民，2010，《论需要为本的中国社会福利转型的目标定位》，《南开学报》（哲学社会科学版）第4期。

彭华民，2012，《中国政府社会福利责任：理论范式演变与制度转型创新》，《天津社会科学》第6期。

彭华民，2015，《中国社会救助政策创新的制度分析：范式嵌入、理念转型与福利提供》，《学术月刊》第1期。

彭华民、黄叶青，2006a，《福利多元主义：福利提供从国家到多元部门的转型》，《南开学报》第6期。

彭华民、黄叶青，2006b，《欧盟反社会排斥的社会政策发展研究——以劳动力市场问题为例》，《社会工作》第7期。

皮埃尔·萨内，2005，《贫困：人权斗争的新领域》，《国际社会科学杂志》（中文版）第 2 期。

皮埃尔·萨内、刘亚秋，2005，《贫困：人权斗争的新领域》，《国际社会科学杂志》（中文版）第 2 期。

皮特·K. 凯泽，2004，《从社会福利到工作福利：荷兰 20 世纪 90 年代的政策》，载尼尔·吉尔伯特、芮贝卡·A. 范·沃黑斯主编《激活失业者——工作导向型政策跨国比较研究》，王金龙等译，中国劳动社会保障出版社。

钱宁，2004，《从人道主义到公民权利——现代社会福利政治道德观念的历史演变》，《社会学研究》第 1 期。

乔观民，2005，《大城市非正规就业行为空间研究》，华东师范大学，博士学位论文。

乔治·吉尔德，1985，《财富与贫困》，隼玉坤译，上海译文出版社。

任远等，2007，《转型期就业：城市社区就业状况与社会政策分析》，复旦大学出版社。

尚晓援，2001，《"社会福利"与"社会保障"再认识》，《中国社会科学》第 3 期。

尚晓援，2001，《社会福利与社会保障再认识》，《中国社会科学》第 3 期。

邵兴全、林艳，2011，《社会资本的累积效应及其家庭福利改善》，《改革》第 9 期。

孙昂、姚洋，2006，《劳动力的大病对家庭教育投资行为的影响——中国农村的研究》，《世界经济文汇》第 1 期。

谭琳、阿巴斯，1999，《健康：作为人力资本投资的研究回顾》，《人口与经济》第 2 期。

谭琳、阿巴斯，1999，《健康：作为一种人力资本投资的研究回顾》，《人口与经济》第 2 期。

谭琳、李军锋，2003，《我国非正规就业的性别特征分析》，《人口研究》第 5 期。

唐钧,1997,《确定中国城镇贫困线方法的探讨》,《社会学研究》第2期。

唐钧,2002,《社会政策的基本目标:从克服贫困到消除社会排斥》,《江苏社会科学》第3期。

唐钧等,2003,《中国城市贫困与反贫困报告》,华夏出版社。

田北海,2008,《社会福利概念辨析——兼论社会福利与社会保障的关系》,《学术界》第2期。

田永坡,2010,《工作搜寻与失业研究:基于中国转轨时期劳动力市场的分析》,中国社会科学出版社。

仝利民,2006,《社区照顾》,载殷妙仲、高鉴国主编《社区社会工作:中外视野中的交流》,中国社会科学出版社。

佟新,2012,《平衡工作和家庭的个人、家庭和国家策略》,《江苏社会科学》第2期。

王甫勤,2010,《人力资本、劳动力市场分割与收入分配》,《社会》第1期。

王鹏、刘国恩,2010,《健康人力资本与性别工资差异》,《南方经济》第9期。

王鹏、刘国恩,2010,《健康人力资本与性别工资差异》,《南方经济》第9期。

王三秀,2010,《美国:就业福利政策凸显可持续》,《中国社会保障》第2期。

王三秀,2010,《美国:就业福利政策凸显可持续》,《中国社会保障》第2期。

王三秀,2012,《英国促进贫困人群可持续就业政策及其借鉴》,《中国行政管理》第2期。

王曙光、董香书,2013,《农民健康与民主参与——来自12省88村的微观证据》,《农业经济问题》第12期。

王卫东,2006,《中国城市居民的社会网络资本与个人资本》,《社会学研究》第3期。

魏众，2004，《健康对非农就业及其工资决定的影响》，《经济研究》第 2 期。

吴培新，1995，《经济增长理论的突破性进展（上）——评卢卡斯〈论经济发展的机制〉》，《外国经济与管理》第 4 期。

武中哲，2007，《双重二元分割：单位制变革中的城市劳动力市场》，《社会科学》第 4 期。

西奥多·舒尔茨，1990，《人力资本投资》，蒋斌、张蘅译，北京经济学院出版社。

肖萌，2005，《发达国家的工作福利制对中国低保政策的启示》，《中国青年政治学院学报》第 1 期。

肖萌、梁祖彬，2010，《社会救助就业福利政策研究》，《社会保障研究》第 1 期。

徐林清，2004，《中国劳动力市场分割问题研究》，暨南大学，博士学位论文。

徐林清，2006，《中国劳动力市场分割问题研究》，经济科学出版社。

徐祖荣，2012，《论社会资本与社会救助：当代中国社会救助制度回顾与展望》，人民出版社。

雅各布·明瑟尔，2001，《人力资本研究（中译本）》，张凤林译，中国经济出版社。

阎明、唐钧，2014，《社会救助与社会工作》，载李培林、王春光主编《当代中国社会工作总论》，社会科学文献出版社。

阎云翔，2000，《礼物的流动——一个中国村庄中的互惠原则与社会网络》，上海人民出版社。

杨波，2008，《我国大城市劳动力市场分割的理论与实践》，华东师范大学博士学位论文。

杨美惠、赵旭东、孙珉，2009，《礼物、关系学与国家：中国人际关系与主体性建构》，江苏人民出版社。

尹伯成，2010，《西方经济学说史》，复旦大学出版社。

约翰·梅纳德·凯恩斯，1999，《就业，利息和货币通论（重译本）》，高鸿业译，商务印书馆。

詹姆斯·科尔曼，1999，《社会理论的基础（上）》，邓方译，社会科学文献出版社。

张车伟，2003，《营养、健康与效率——来自中国贫困农村的证据》，《经济研究》第 1 期。

张浩淼，2014，《救助、就业与福利依赖——兼论关于中国低保制度"养懒汉"的担忧》，《兰州学刊》第 5 期。

张浩淼，2014，《中国社会救助制度：从仁慈到正义之路》，《井冈山大学学报》（社会科学版）第 4 期。

张娟，2008，《家庭社会资本影响中职生教育选择的问题研究》，西南大学。

张务农，2014，《福利三角框架下的高等教育福利制度研究》，《东南学术》第 3 期、第 2 期。

张展新，2004，《劳动力市场的产业分割与劳动人口流动》，《中国人口科学》第 2 期。

张昭时、钱雪亚，2011，《城乡分割、工资差异与就业机会不平等——基于五省城镇住户调查数据的经验研究》，《中国人口科学》第 3 期。

张昭时、钱雪亚，2011，《城乡分割、工资差异与就业机会不平等——基于五省城镇住户调查数据的经验研究》，《中国人口科学》第 3 期。

赵剑治、陆铭，2010，《关系对农村收入差距的贡献及其地区差异——一项基于回归的分解分析》，《经济学》（季刊）第 1 期。

赵延东、风笑天，2000，《社会资本、人力资本与下岗职工的再就业》，《上海社会科学院学术季刊》第 2 期。

赵忠，2006，《我国农村人口的健康状况及影响因素》，《管理世界》第 3 期。

郑功成，2000，《社会保障学——理念、制度、实践与思辨》，商务印书馆。

郑功成，2011，《中国社会福利改革与发展战略：从照顾弱者到普惠全民》，《中国人民大学学报》第 2 期。

郑志龙，2007，《社会资本与政府反贫困治理策略》，《中国人民大学学报》第 6 期。

钟玉英，2011，《当代中国城市低保制度的演进及反思》，《当代中国史研究》第 6 期。

周沛，2008，《福利国家和国家福利——兼论社会福利体系中的政府责任主体》，《社会科学战线》第 2 期。

周文、李晓红，2008，《社会资本与消除农村贫困：一个关系—认知分析框架》，《经济学动态》第 6 期。

周晓红，2015，《全面深化改革的社会路径》，《南京社会科学》第 2 期。

周永新，1998，《社会福利的观念和制度》，中华书局。

朱必祥，2005，《人力资本理论与方法》，中国经济出版社。

英文文献

Becker, G. S. 1964. *Human Capital: A Theoretical and Empirical Analysis, with Special Reference to Education.* New York: Columbia University Press.

Bellman, L. and Jackman, R. 1997. The Impact of Labour Market Policy on Wages, Employment and Labour Market Mismatch. *In Schmid, G., Q'Reilly, J. and Schmann, K. (eds.) International Handbook of Labour Market Policy and Policy Evaluation.* Edward Elgar, Cheltenham.

Benu, B. et al. 2005. *Evaluating Job Training in Two Chinese Cities.* Upjohn Institute Staff Working Pape.

Benu, B. et al. 2005. "*Evaluating Job Training in Two Chinese Cities.*" Upjohn Institute Staff Working Paper, pp. 5 – 111.

Bluestone, B., William, M. M. and Stevenson, M. 1973. *Low Wages and the Working Poor*. University of Michigan—Wayne State University.

Boone, J. and Ours, J. V. 2006. "Modeling Financial Incentives to get the Unemployed Back to Work." *The Journal of Institutional and Theoretical Economics* 162: 227 – 252.

Borgatta, E. F. and Montgomery, R. J. V. 2000. *Encyclopedia of Sociology*. Macmillan Library Reference.

Bourdieu, P. 1986. "The Forms of Capital." In Richardson (eds.), *Handbook of Theory and Research for the Sociology of Education*. Westport, CT: Greenwood Press.

Calmfors, L. and Skedinger, P. 1995. "Does Active Labour-market Policy Increase Employment? Theoretical Considerations and Some Empirical Evidence from Sweden." *Oxford Review of Economic Policy* 11: 91 – 109.

Coleman, J. S. 1988. "Social Capital in the Creation of Human Capital." *American Journal of Sociology* 94: 95 – 120.

Denison, E. 1962, *The Source of Economic Growth in the United States and the Alternatives before us*, *Supplementary Paper* 13. New York: Committee for Economic Development.

Dickens, W. and Lang, K. 1985. "A Test of Dual Labor Market Theory." *NBER Working Paper*, No. 1314

Dickens, W. T. and Lang, K. 1988. "The Reemergence of Segmented Labor Market Theory." *The American Economic Review* 78: 129 – 134.

Doeringer, P. and Michael J. Piore. 1971, *Internal Labor Markets and Manpower Analysis*. Lexington, MA: D. C. Heath and Company.

Ellwood, D. 1988. *Poor Support*. New York: Basic Book.

Ellwood, D. 1988. *Poor Support*. New York: Basic Books.

Esping, A. G. 1999. *Social Foundations of Postindustrial Economies*. Oxford: Oxford University Press.

Evers, A. 1995. "Part of the Welfare Mix: The Third Sector as an Intermediate Area." *International Journal of Voluntary and Nonprofit Organizations* 6: 159 – 182.

Evers, A. and Svetlik, I. 1993, "Balancing Pluralism: New Welfare Mixes in Care for the Elderly." *American Journal of Public Health* 71: 991 – 1003.

Fast, J. E., Deanna Williamson and Norah Keating. 1999. "The Hidden Costs of Informal Elder Care." *Journal of Family and Economic Issues* 20: 301 – 326.

Fields, G. S. 1975, "Rural-urban Migration, Urban Unemployment and Underemployment, and Job-search Activity in LDCs." *Journal of development economics* 2: 165 – 187.

Flap, H. D. and De Graaf. 1986 "Social Capital and Attained Occupational Status." *Netherlands Journal of Sociology* 22: 145 – 161.

Gannon, B. and Brian Nolan. 2004. "Disability and Labour Force Participation in Ireland." *Economic and Social Studies* 35: 135 – 155.

Gannon, B. and Brian Nolan. 2007. "Transitions in Disability and Work." *Estudios de Economía Aplicada* 25: 447 – 472.

Gertler, P., Levine, D. and Moretti, E. 2006. "Is social capital the capital of the poor? The Role of Family and Community in Helping Insure Living Standards Against Health Shocks." *Economic Studies* 52: 455 – 499.

Giddens, A. 2001. *Sociology*. Cambridge: Polity Press.

Gordon, D. et al. 2000, *Poverty and Social Exclusion in Britain*. York: Joseph Rowntree Foundation.

Gordon, D. M., Edwards, R. and Reich, M. 1972. *Segmented Work, Divided Workers: The Historical Transformation of Labor in the U-*

nited States. Cambridge: Cambridge University Press.

Gottschalk, P. and Robert A. M. , 1994. "Welfare Dependence: Concepts, Measures, and Trends." *The American Economic Review* 2: 38 – 42.

Granovetter, M. S. 1973. "The Strength of Weak Ties." *American Journal of Sociology* 78: 1360 – 1380.

Grootaert, C. and Narayan, D. 2004. "Local institutions, Poverty and Household Welfare in Bolivia." *World development* 32: 1179 – 1198.

Grootaert, C. and Swamy, A. 2002. "Social Capital, Household Welfare and Poverty in Burkina Faso." *The Journal of African Economies* 11: 4 – 38.

Harrington, M. 1997. *The Other America*. Penguin Books.

Harris, K. M. 1991. "Teenage Mothers and Welfare Dependency Working Off Welfare." *Journal of Family Issues* 12: 492 – 518.

Harris, K. M. 1991. "Teenage Mothers and Welfare Dependency: Working off Welfare." *Journal of Family Issues* 12: 492 – 518.

Hart, K. 1973. "*Informal Income Opportunities and Urban Employment in Ghanall.*" Journal of Modemrn African Studies.

Healy, T. S. 2001. "The Well-being of Nations: The Role of Human and Social Capital Education and Skills." *Sourceoecd employment* 2: I – 121 (122).

Hogan, M. J. 2001. "Social Capital: Potential in Family." *social sciences* 30: 151 – 155.

Kerr, C. 1954. "The Balkanization of Labor Markets", In Bakke, E. W. et al. (eds.) *Labor Mobility and Economic Opportunity*. New York: John Wiley and Sons.

Lin, N. 2001. *Social capital: A Theory of Social Structure and Action*. UK: Cambridge university press.

Litman, T. J. 1974. "The Family as a Basic Unit in Health and Medical Care: A Social-behavioral Overview. " *Social Science & Medicine* 8: 495 - 519.

Liu, W. T. and Kendig, H. 2000. *Critical Issues of Care giving: East-West Dialogue*. Singapore: Singapore University Press.

Mead, L. 1986, *Beyond Entitlement*. New York: Free Press.

Michael, L. and Wunsch Conny. 2006. *Active Labour Market Policy in East Germany: Waiting for the Economy to Take off*. University of St. Gallen Department of Economics working paper series.

Murray, C. 1984. *Losing ground*. New York: Basic Books.

Murray, D. W. 1994. "Poor Suffering Bastards: An Anthropologist Looks at Illegitimacy. " *Policy review* 23: N/A.

Mushkin, S. J. 1962, "Health as an Investment. " *Journal of political economy* 70: 129 - 157.

Narayan, D. and Pritchett, L. 1997. "*Cents and Sensibility: Household Income and Social Capital in Rural Tanzania.* " Policy Research Working Paper. Washington D. C: World Bank.

Nolan, B. et al. 2003. *Monitoring Poverty Trends in Ireland: Results from the 2000 Living in Ireland survey*. Economic and Social Research Institute (ESRI).

Pearce, D. 1979. "Women, Work and Welfare: the Feminization of Poverty. " In Karen Wolk Feinstein (eds.), *Working Women and Families*. Beverly Hills, CA: Sage.

Portes, A. 1994. "The Informal Economy Andits Paradoxes. " In Smelser, N. and R. Swedberg (eds.), *The Handbook of Economic Sociology*. Princeton: Princeton University Press.

Portes, A. 1995. "The Economic Sociology of Immigration. " *Russell Sage Foundation* 29: 11 - 12.

Romer and Paul, M. 1986. "Increasing Returns and Long-run Growth. "

Journal of Political Economy 94: 1002 – 1037.

Rose, R. 1986. "Common goals but different roles: the state's contribution to the welfare mix." In Rose, R. and. Shiratori, Rei (eds.), *The welfare state east and west.* Oxford: Oxford University Press.

Schultz, P and Aysit Tansel. 1997. "Wage and Labor Supply Effects of Illness in Côte D'ivoire and Ghana: Instrumental Variable Estimates for Days Disabled." *Journal of Development Economics* 53: 251 – 286.

Schultz, P. 2002. "Wage Gains Associated with Height as a Form of Health Human Capital." *American Economic Review* 92: 349 – 353.

Spiess, C. K. and Schneider, T, 2004. "Midlife Caregiving and Employment: An Analysis of Adjustments in Work Hours and Infomal Care for Female Employees in Europe." In Mortensen, J. and Spiess C. K. et al. (eds.), Health Care and Female Empbyment: A Potential Conflict? Occasional Paper.

Strauss, T. J. 1997. "Health and Wages: Evidence on Men and Women in Urban Brazil." *Journal of Econometrics* 77: 159 – 185.

Surender, R. et al. 2010. "Social Assistance and Dependency in South Africa: An Analysis of Attitudes to Paid Work and Social Grants." *Journal of Social Policy* 39: 203 – 221.

Townsend, Peter. 1979. *Poverty in the United Kingdom.* Berkeley: University of California Press.

Townsend, P. 1987. "Deprivation." *Journal of Social Policy* 16: 125 – 146.

Wilson, W. J. 2012. *The Truly Disadvantaged: The Inner City, the Underclass, and Public Policy.* University of Chicago Press.

Yan, Yunxiang. 1996. *The Flow of Gifts: Reciprocity and Social Networks in a Chinese Villge.* Stanford: Stanford University Press.

Yang, Mei-hui. et al. 1994. *Gifts, Favors, and Banquets: The Art of So-*

cial Relationships in China. lthaca, NY: Cornell University Press.

电子资源

《国务院关于进一步加强和改进最低生活保障工作的意见》，http://www.gov.cn/zwgk/2012-09/26/content_2233209.htm，最后访问日期：2015年4月25日。

《城市居民最低生活保障条例》，http://www.gov.cn/banshi/2005-08/04/content_20243.htm.，最后访问日期：2015年4月25日。

《中华人民共和国社会救助法（征求意见稿）》，http://www.gov.cn/xinwen/2020-09/08/content_5541376.htm，最后访问日期：2021年6月17日。

《中华人民共和国宪法》，https://news.12371.cn/2018/03/22/ARTI1521673331685307.shtml，最后访问日期：2015年5月20日。

《国务院关于在全国建立农村最低生活保障制度的通知》，http://www.mca.gov.cn/article/zwgk/fvfg/zdshbz/200712/20071210006012.shtml，最后访问日期：2015年4月25日。

《全国各县城市最低生活保障救助情况汇总》，http://files2.mca.gov.cn/cws/201501/20150126172032752.htm，最后访问日期：2015年4月25日。

《中共中央关于全面深化改革若干重大问题的决定》，http://politics.people.com.cn/n/2013/1116/c1001-23560979.html，最后访问日期：2015年4月25日。

《辽宁健康报告：约九成居民死于慢性病》，http://www.chinadaily.com.cn/dfpd/ln/2014-12/30/content_19199549.htm，最后访问日期：2015年4月27日。

任彦，2015，《"头号杀手"暴露欧盟医保制度弊病》，《人民日报》（国际版）1月6日第2版。

附　录

城市贫困者就业与救助状况调查（节选）

A 部分　个人及家庭成员基本信息

A1. 您的出生年份：_____ 年

A2. 您的性别：1. 男　2. 女

A3. 您的教育程度：

　　1. 未上过学　　2. 小学　　　　3. 初中

　　4. 高中　　　　5. 中专　　　　6. 职高技校

　　7. 大学专科　　8. 大学本科　　9 研究生

A4. 您的婚姻状况：

　　1. 未婚　　　　　2. 初婚有配偶

　　3. 再婚有配偶　　4. 离婚

　　5. 丧偶

A5. 您的户籍类型：

　　1. 农业户口

　　2. 非农业户口

　　3. 居民户口（之前是农业户口）

　　4. 居民户口（之前是非农业户口）

　　5. 其他（请注明_____）

A6. 您的身体状况：

   1. 身体健全（跳至 A7）

   2. 身体不健全，轻微残疾

   3. 身体非常不健全，严重残疾

A6a. 残疾类型是：

   1. 智力残疾   2. 精神残疾

   3. 肢体残疾   4. 听力残疾

   5. 视力残疾   6. 言语残疾

   7. 多重残疾   8. 其他（请注明_____）

A6b. 残疾程度是：

   1. 一级残疾   2. 二级残疾

   3. 三级残疾   4. 四级残疾

   5. 身体轻微缺陷   6. 其他_____

A7. 您的健康状况：

   1. 很健康

   2. 基本健康

   3. 不健康，但生活能自理

   4. 生活不能自理

A7a. 您最近一年有无患过重大疾病：1. 有（疾病名称_____） 2. 无

A7b. 您有无慢性病：1. 有（慢性病名称_____）   2. 无

A8. 请问您家里一共有_____口人，其中在业__人，失业__人，在学___人，退休_____人，其他 ___人。儿子_____个；女儿_____个。

A9. 请您简单谈一下各位家庭成员的情况：

非典型福利依赖：城市贫困者的就业选择与行动逻辑

a. 与受访者关系	b. 性别	c. 出生年份	d. 政治面貌	e. 教育程度（包括在读）	f. 婚姻状况	g. 健康状况	h. 目前居住地	i. 目前工作状况	j. 目前的最后职业	k. 没有工作的原因（选择以上不回答 j）	l. 连续多长时间未工作（月）
1. 本人 2. 配偶 3. 子女 4. 本人父母 5. 配偶父母 6. 祖父母 7. 媳婿 8. 孙辈子女 9. 孙辈子女的配偶 10. 兄弟姐妹 11. 其他	1. 男 2. 女		中共党员 共青团员 民主党派 群众 其他 98. 不清楚	1. 未上过学 2. 小学 3. 初中 4. 高中 5. 中专 6. 职高技校 7. 大专 8. 大学本科 9. 研究生 98. 不清楚	未婚 初婚有配偶 再婚有配偶 离婚 丧偶 同居	1. 很健康 2. 基本健康 3. 不健康，但生活能自理 4. 生活不能自理	1. 本村/居委会 2. 本乡（镇，街道）其他村/居委会 3. 本县（市，区）其他乡（镇，街道） 4. 本省其他县（市，区） 5. 外省 6. 国外/境外	1. 有工作（不回答 k, l） 2. 有工作，但目前休假、学习、或临时停工（不回答 k, l） 3. 目前没有工作		1. 正在上学 2. 丧失劳动能力 3. 已离休/退休 4. 毕业后未工作 5. 料理家务，照顾他人 6. 因单位原因（破产，改制，下岗，内退等） 7. 因个人健康原因 8. 个人技艺，能力不足 9. 承包土地被征用 10. 其他（请注明）	
1. 本人 _____											
2. _____											
3. _____											
4. _____											
5. _____											

B 部分　工作状况

B1. 请问您目前的工作情况是：

1. 有工作（跳至 B2）
2. 有工作，但目前休假、学习或者临时停工、歇业（跳至 B2）
3. 没有工作

B1a. 您目前没有工作的最主要原因：

1. 正在上学（跳至 B5）
2. 丧失劳动能力（跳至 B5）
3. 已离/退休（跳至 B5）
4. 毕业后未工作
5. 料理家务，照顾家人
6. 因单位原因（破产、改制、下岗、内退等）
7. 因个人健康原因
8. 个人技艺、能力不足
9. 承包土地被征用
10. 其他（请注明_____）

B1b. 您目前已经连续多长时间没有工作了：____年____月

B1c. 您目前在找工作吗？

1. 在找工作　　　　2. 准备自己创业
3. 没有找工作，也不打算自己创业

B1f. 您在没有工作期间采取了哪些方式寻找工作？（多选）

1. 在职业介绍所求职
2. 委托亲友找工作
3. 利用网络及其他媒体求职
4. 参加用人单位招聘或招考
5. 其他（请注明_____）
6. 以上都没有

B1g. 如果现在有份工作您能够在两周内去工作？

  1. 能 2. 不能（跳答 B1h）

B1h. 您的期望工资是_____元/月

B2. 请问您目前主要的职业（非农）是_____

B2a 职业编码：_____（整理问卷时查询）

B3. 目前这份工作的情况：

B3a. 工作单位_____

B3b. 具体职务、岗位_____

B3c. 工作内容_____

B3d. 这份工作所在的单位/公司是：

  1. 党政机关、人民团体、军队；

  2. 国企/国有控股企业；

  3. 国有/集体事业单位；

  4. 集体企业；

  5. 私营企业；

  6. 三资企业；

  7. 个体工商户；

  8. 社会团体/社会组织；

  9. 民办非企业；

  10. 社区居委会、村委会等自治组织；

  11. 人民公社；

  12. 农村家庭经营；

  13. 其他（请注明_____）；

  14. 没有单位

  98. 不清楚

B3e. 这份工作属于：

  1. 稳定的受雇佣工作

  2. 不稳定的受雇佣工作（临时工）

  3. 打零工

4. 个体、小生意

5. 其他_____

B3f. 您这份工作已经持续了多长时间？_____个月

B3g. 您是如何获得这份工作的？

1. 在职业介绍机构登记

2. 请亲友帮忙找工作

3. 利用网络、报纸等媒体找工作

4. 用人单位招聘或招考

5. 找政府要求工作

6. 政府主动推荐工作岗位

7. 顶替父母或亲戚岗位

8. 其他（请注明_____）

B3h. 今年以来，您这份非农工作平均每天工作多少小时？_____小时；

B3i. 今年以来，您这份非农工作平均每月工作多少天？_____天；

B3j. 今年以来，这份非农工作平均每月给您带来多少收入？_____元；

项目	元/月
1. 工资、薪金（含津贴、补助）	
2. 奖金	
3. 提成	
4. 经商、投资所得利润、分红	
5. 其他收入（请注明_____）	

B3k. 您目前工作签订的书面劳动合同属于下列哪种？

1. 没签订劳动合同

2. 固定期限劳动合同

3. 无固定期限劳动合同

4. 试用期劳动合同

5. 其他劳动合同

6. 不需要劳动合同　　98. 不清楚

B3l. 单位给您缴纳了哪些保险？（多选）

1. 养老保险　　2. 医疗保险　　3. 失业保险

4. 生育保险　　5. 工伤保险　　6. 住房公积金

7. 都没有缴纳　　98. 不清楚

B3m. 您认为这份工作的性质是：

1. 需要很高专业技能　　2. 需要较高专业技能

3. 需要一些专业技能　　4. 半技术半体力劳动

5. 体力劳动　　6. 其他（请注明_____）

B4. 除以上工作外，您最近一年还从事过其他有报酬的工作：

1. 从事过　　2. 没有从事过（跳至 B5）

序号	a. 职业	b. 平均每月收入（元）	c. 一年内总共带来的收入
1			
2			
3			
4			

B5. 您在找工作的过程中使用过下列哪些方式？（多选）_____

B5a. 您认为哪种最有效？（单选）_____

1. 再就业中心	4. 街道居委会	7. 其他
2. 职业中介	5. 新闻媒介	
3. 同事亲友介绍	6. 自己找	

B6a. 是否听说过以下就业/再就业扶持政策？

0. 未曾听说　　1. 听说过

B6b. 是否享受过以下就业/再就业扶持政策？

0. 未曾享受过　　1. 享受过

	B6a	B6b
1. 税收减免		
2. 小额贷款		
3. 就业培训		
4. 优先提供岗位		
5. 提供摊位		
6. 其他		

[参加过就业培训者回答 B7 系列]

B7. 您参加过几次就业培训？_____次（填"0"跳至 C 部分）

B7a. 请您简要回答您参加就业培训的情况：

序号	a. 培训时间(年月)	b. 培训项目	c. 培训组织者	d. 培训费用承担者	e. 培训时长（天）	f. 培训效果	g. 对就业是否有帮助
1							
2							
3							

c. 培训组织者：1. 单位组织　　2. 政府组织　　3. 社会组织　　98. 不清楚

d. 培训费用承担者：1. 完全由自己承担　2. 完全由单位承担　3. 完全由政府承担
　　　　　　　　　4. 自己与单位共同承担　5. 自己与政府共同承担　98. 不清楚

f. 培训效果：1. 完全没有学到知识（技能）　　2. 学到很少知识（技能）
　　　　　　3. 学到比较多知识（技能）　　4. 学到非常多的知识（技能）
　　　　　　98. 不清楚

g. 培训对就业是否有帮助：1. 培训后尚未找到工作
　　　　　　　　　　　　2. 培训后找到过工作，为临时工作
　　　　　　　　　　　　3. 培训后找到过工作，为正式工作
　　　　　　　　　　　　4. 培训后自己创业　5. 目前尚不清楚

C 部分　家庭经济状况

C1. 去年您全家的生活消费与支出情况：

项目	支出金额（元）
a. 全年总支出	
b. 饮食支出（自产食品估价计算在内）	
c. 衣着支出（衣服、鞋帽等）	
d. 交纳房租的支出	
e. 购房首付及分期偿还房贷的支出（2013年内）	
f. 房屋装修、保养支出	
g. 水电燃气、物业、取暖支出	
h. 家电、家具、家用车辆等购置支出	
i. 交通支出（上下班交通费，家用车辆汽油、保养、路桥费等；不含旅游交通）	
j. 通信支出（电话、上网等）	
k. 教育支出	
l. 医疗保健支出（看病、买药等，不扣除报销部分）	
m. 生产资料支出（农药、化肥、种子等支出）	
n. 赡养或抚养不在一起生活的亲属的支出	
o. 自家红白喜事支出	
p. 人情往来支出	
q. 其他支出（请注明＿＿＿＿＿＿）	
r. 养老保险及医疗保险	

C2. 请问去年您个人的收入情况：

项目	金额（元）
a. 总收入	
b. 社会救助收入	
c. 工资、奖金（包括提成、补贴等）劳动报酬收入	
d. 兼职收入（包括各种临时帮工酬劳等）	

续表

项目	金额（元）
e. 养老保险（社会保险机构给的）	
f. 退休金（单位给的）	
g. 村集体提供的福利收入（分红、补贴等）	
h. 个人农业经营收入	
i. 个体经商、办厂等个体经营收入	
g. 出租房屋等财产性收入	
k. 亲友赠予收入	
l. 人情收入	
m. 其他收入（请注明_____）	

C3. 请问去年您家庭的收入情况：

项目	金额（元）
a. 总收入	
b. 社会救助收入	
c. 工资、奖金（包括提成、补贴等）劳动报酬收入	
d. 兼职收入（包括各种临时帮工酬劳等）	
e. 养老保险（社会保险机构给的）	
f. 退休金（单位给的）	
g. 村集体提供的福利收入（分红、补贴等）	
h. 个人农业经营收入	
i. 个体经商、办厂等个体经营收入	
g. 出租房屋等财产性收入	
k. 亲友赠予收入	
l. 人情收入	
m. 其他收入（请注明_____）	

C4. 请问您家庭是否有未偿还的债务（不包括以分期付款方式购房、购车等而需要支付的月供）？

　　1. 有（C4a._____元）　　2. 无

C5. 您觉得家庭经济上是否有保障？

　　1. 完全不够用　2. 不够用　3. 基本够用　4. 完全够用

D 部分　社会救助与社会保险部分

D1. 请问您家庭目前接受低保救助的状况是：

　　1. 正在接受低保（跳至 D2）

　　2. 曾经接受过低保，现在已经退出（跳至 D2）

　　3. 申请过低保，未批准（跳至 D2）

　　4. 从未申请过低保

　　5. 正在接受五保供养

D2. 您（或者家人）通过什么方式申请低保救助？

　　1. 自己独立提交申请

　　2. 亲朋好友帮忙

　　3. 要求社区/村干部协助申请

　　4. 社区/村干部主动提供帮助

　　5. 其他_____

D3. 您家庭总共申请过几次低保？_____ 次

D3a. 从申请到最终确定是否获得救助资格平均需要多长时间？_____ 天

D4. 您觉得低保申请程序是否合理？

　　1. 合理（跳至 D5）　　2. 不合理

D4a. 您觉得存在哪些不合理之处？

　　1. 申请程序复杂　　2. 审核时间过长　　3. 准入条件太苛刻

　　4. 审核存在不公正现象　　5. 其他_____

D5. 您在申请救助过程中是否遭遇过不合理对待？

　　1. 遭遇过　　2. 没有遭遇过（跳至 D6）

D5a. 您对遭遇的不合理对待，采取了哪些措施解决？

　　1. 要求再次核查　　　　2. 托人向经办人员送礼

　　3. 向上级管理部门反映　　4. 不予理会

5. 其他（请注明_____）

D6. 申请低保时，政府/社区有没有要求您必须先找工作？

1. 有　　2. 无　　3. 不清楚　　4. 不适用

D7. 政府/社区有没有给您介绍过工作？

1. 有　　2. 无　　3. 不适用

D7a 给您介绍过哪些工作？

1._____　2._____　3._____　4._____

D8. 您家庭最早一次领取低保是在什么时候？_____年

D9. 您家庭最近几次领取低保的情况：（填写最近的几次领取低保时间，以是否中断过判断是否为1次，倒叙填写）

a. 从____年____月至目前

D9a1. 目前您家庭获得低保救助的人数有_____人

D9a2. 上个月您家庭获得的低保金额是_____元

（曾经领取过低保、现已退保者，从b开始填写；未中断者跳至D11）

b. 从____年____月至____年____月（续问D10系列）

c. 从____年____月至____年____月

d. 从____年____月至____年____月

D10. 最后一次退保的原因是？_____

D10a. 请问您是否主动退保？

1. 低保干部通知我退保　　2. 我主动申请退保

D10b. 退出低保后，您家庭的生活有什么变化？

1. 变差　　2. 没有变化　　3. 变好

D10c. 退出低保后，您家庭有无（打算）再次申请低保救助？

1. 有　　2. 无　　3. 不确定

D10d. 您觉得再次申请低保是否存在障碍？

1. 是，再进入比较难　　2. 不会，会更简单

3. 不会，和以前一样　　4. 不清楚

D11. 在申请成功后，相关部门有无定期追踪审查？

　　1. 有　　　2. 无（跳至 D12）

D11a. 大约多长时间一次：＿＿个月/次

D12. 您家庭领取的低保金额是否有过调整？

　　1. 调整过，降低　2. 调整过，提高

　　3. 没调整过（跳至 D13）

D12a. 进行调整的原因（多选）：

　　1. 收入变化　　　　　2. 家庭人口变化

　　3. 救助标准变化　　4. 其他（请注明＿＿＿＿）

D13. 您（或家人）在低保受保期间，社区是否组织过公益性服务/劳动？

　　1. 经常组织　　　　　　　2. 很少组织

　　3. 从未组织过（跳至 D14）　4. 不知道（跳至 D14）

D13a. 社区组织过哪些公益性服务/劳动：

　　1. 公共空间清洁卫生　　　2. 帮扶困难人员

　　3. 其他（请注明＿＿＿＿）

D14. 您在低保受保期间，是否参加过公益性服务/劳动？

　　1. 每次都参加（跳至 D15）　2. 偶尔参加　3. 从未参加过

D14a. 您不参加或偶尔不参加这些公益性服务/劳动的原因是：

　　1. 没时间参加

　　2. 受保金额太低，不值得参加

　　3. 别的受保者不参加，所以也就不参加

　　4. 健康原因

　　5. 不知道组织活动

　　6. 其他＿＿＿＿＿＿

D15. 您是通过什么渠道了解低保的？（多选）

　　1. 乡（镇、街道）及其以上的政府部门宣传

　　2. 村/社区宣传　　　　3. 亲朋邻里

　　4. 网络　　　　　　　5. 广播、电视、报刊

6. 没听说过低保　　　7. 其他_____

D16. 除低保救助外,有无其他补贴?

1. 有　2. 无(跳至 D17)　3. 不清楚(跳至 D17)

D16a. 除低保外,您(或家人)接受的补贴情况:

补贴项目	金额(元/年)	补贴项目	金额(元/年)
1. 用水补贴	□	5. 慰问品	□
2. 用电补贴	□	6. 慈善超市	□
3. 煤气/天然气补贴	□	7. 其他补贴(请注明___)	□
4. 食品/生活用品补贴	□		

D17. 请您简要回答近一年来您家庭获得其他社会救助的状况:

	a. 是否获得过救助是(跳至c)否	b. 未获得救助原因	c. 接受救助次数	d. 第1次救助金额(元)	e. 第2次救助金额(元)	f. 第3次救助金额(元)
1. 医疗救助						
2. 教育救助						
3. 住房救助						
4. 就业救助						
5. 临时救助						
6. 特困人员供养						
7. 慈善救助						
8 灾害救助						
9. 其他救助						

未获得救助原因:1. 不知道该类救助项目,所以没申请　2. 知道该类救助项目,但没有申请　3. 申请了未批准　4. 其他_____

D18. 请在下表中填写您家庭各位成员缴纳社会保险的状况:

a.	b.	b1.	b2.	b3.	b4.	b5.	c.	c1.	c2.	c3.
1. 本人										

续表

a.	b.	b1.	b2.	b3.	b4.	b5.	c.	c1.	c2.	c3.
2.										
3.										
4.										
5.										

a. 与受访者关系：1. 本人 2. 配偶 3. 子女 4. 本人父母 5. 配偶父母 6. 祖父母 7. 媳/婿 8. 孙辈子女 9. 孙辈子女的配偶 10. 兄弟姐 11. 其他
b. 是否缴纳养老保险：1. 是 2. 否 3. 中断缴纳 98. 不清楚
b1. 养老保险类型：1. 城镇职工 2. 城镇居民 3. 农村居民（新农保）
4. 商业养老保险 5. 离退休金 98. 不清楚
注：若该地实行了城乡并轨的城乡居民社会养老保险，根据调查地选择。
b2. 去年个人（家庭）缴纳金额（元/年）
b3. 政府有无减免养老保险费用：1. 无 2. 减免一部分 3. 全部减免 98. 不清楚
b4. 现在是否领取养老保险金：1. 是（续问b7）2. 否（跳至c）
b5. 每月领取金额（元）
c. 是否缴纳医疗保险：1. 是 2. 否 3. 中断缴纳 98. 不清楚
c1 医疗保险类型：1 城镇职工 2. 城镇居民 3. 新农合 4. 商业医疗保险 98. 不清楚
c2. 去年个人（家庭）缴纳医疗保险金额（元/年）
c3. 政府有无减免：1. 无 2. 减免一部分 3. 全部减免 98. 不清楚

E 部分　社会交往与社会评价

E1. 在今年春节期间，以各种方式互相拜年、交往的亲属、朋友和其他人大概有多少人？

　　1. 亲属 ＿＿＿人　2. 亲密朋友 ＿＿＿人　3. 邻居 ＿＿＿人
　　4. 其他 ＿＿＿人

E2. 以下问题会问您与亲属、朋友的关系：

		亲属	朋友
1	您有几个近期至少来往一次的亲属/朋友？	＿＿人	＿＿人
2	您有几个感到关系很好而且可以找他帮忙的亲属/朋友？	＿＿人	＿＿人
3	当您需要做出重大决定时，能够找到几个亲属/朋友去商量？	＿＿人	＿＿人

E3. 他们里面有无下列职业、在下列单位工作的人？（如果有，请在相应栏里划√；已退休者回答退休前职业和单位）

a 职业类别		b 单位类型	
1. 产业工人	10. 科学研究人员	1. 党政机关	
2. 大学教师	11. 法律工作人员	2. 国有企业	
3. 中小学教师	12. 经济业务人员	3. 国有事业单位	
4. 医生	13. 行政办事人员	4. 集体企业	
5. 护士	14. 工程技术人员	5. 个体经营	
6. 厨师	15. 政府机关负责人	6. 私营/民营企事业	
7. 饭店餐馆服务员	16. 党群组织负责人	7. 三资企业	
8. 营销人员	17. 企事业单位负责人	8. 其他类型	
9. 无业人员	18. 家庭保姆、小时工	9. 务农	
	19. 农民		

E4. 当您生活遇到困难时，通常您会找谁寻求帮助？（可多选）
E5. 您认为他们对您的帮助大不大？

		E4. 寻求帮助对象	E5. 您觉得帮助大不大？				
			很大	较大	较小	没有	不好说
1	各级党政部门及工青妇组织	01	1	2	3	4	8
2	居委会或村委会	02	1	2	3	4	8
3	工作单位	03	1	2	3	4	8
4	亲人	05	1	2	3	4	8
5	朋友、同乡、战友等私人关系网	07	1	2	3	4	8
6	其他（请注明_____）	08	1	2	3	4	8

E6. 您在多大程度上同意下列说法：

		很同意	比较同意	不大同意	很不同意	不清楚
1	为穷人提供社会救助是国家的责任	1	2	3	4	98
2	享受低保的人应该承担一定的社会责任	1	2	3	4	98
3	能够领取低保应该感谢国家	1	2	3	4	98
4	能获得低保是一件非常光荣的事	1	2	3	4	98
5	低保是国家给的,不拿白不拿	1	2	3	4	98
6	领低保金会降低有劳动能力者工作的积极性	1	2	3	4	98
7	每个人都应该靠自己的劳动维持生活	1	2	3	4	98
8	领低保意味着个人的懒惰和没能力	1	2	3	4	98

E7. 您在多大程度上同意下列说法:

		很同意	比较同意	不大同意	很不同意	不清楚
1	绝大多数领取低保的都是真正贫困的家庭	1	2	3	4	98
2	低保金额太低	1	2	3	4	98
3	领低保会低人一等	1	2	3	4	98
4	领低保让我在亲朋好友邻里面前没面子	1	2	3	4	98
5	领低保后亲朋好友和我的交往变少了	1	2	3	4	98
6	有人靠关系拿到低保	1	2	3	4	98
7	有人在外面有较高的收入还拿低保	1	2	3	4	98

E8. 您在多大程度上同意下列说法:

		很同意	比较同意	不大同意	很不同意	不清楚	不适用
1	低保能保障我家庭基本的生活	1	2	3	4	98	99
2	以后生活条件好了我会主动退出低保	1	2	3	4	98	99
3	只要有份工作我就能养活家人	1	2	3	4	98	99
4	只要我够努力以后生活肯定能改善	1	2	3	4	98	99
5	我不会挑剔政府给我推荐的工作	1	2	3	4	98	99
6	有工作再低工资也要干,否则不能接受救助	1	2	3	4	98	99

E9. 您在多大程度上同意下列说法：

		很同意	比较同意	不大同意	很不同意	不清楚	不适用
1	我担心自己的养老问题	1	2	3	4	98	99
2	我担心自己的医疗问题	1	2	3	4	98	99
3	我担心子女教育问题	1	2	3	4	98	99
4	我担心子女的就业问题	1	2	3	4	98	99
5	我担心领低保会影响孩子	1	2	3	4	98	99
6	我没有能力赡养我的父母	1	2	3	4	98	99
7	我没有能力改善我的家庭条件	1	2	3	4	98	99
8	我现在就是过一天算一天	1	2	3	4	98	99

E10. 您认为一个家庭如果要脱贫致富，下列各种因素的重要程度如何？

1	个人能力	2	关系	3	运气
4	政府扶持	5	公平的制度和政策	6	慈善捐赠
7	就业机会				

请您依次选出三项您认为最重要的因素：第 1 ____ 第 2 ____ 第 3 ____

E12. 请您评价对下列项目的满意程度。

		非常不满意	比较不满意	比较满意	非常满意
1	您的健康情况				
2	您的社交生活				
3	您的家庭关系				
4	您的家庭经济状况				
5	您的休闲娱乐				
6	总体来说，您对生活的满意度				

E13. 您感觉未来 5 年中您的生活水平将会怎样变化？

1. 上升很多　　2. 略有上升

3. 没变化　　　4. 略有下降

5. 下降很多　　6. 不好说

图书在版编目(CIP)数据

非典型福利依赖：城市贫困者的就业选择与行动逻辑/宁雯雯著. -- 北京：社会科学文献出版社，2022.5
（社会救助制度丛书）
ISBN 978-7-5201-9901-8

Ⅰ.①非… Ⅱ.①宁… Ⅲ.①城市-边缘群体-社会救济-研究-中国 Ⅳ.①D632.1

中国版本图书馆 CIP 数据核字（2022）第 047037 号

社会救助制度丛书
非典型福利依赖：城市贫困者的就业选择与行动逻辑

著　　者／宁雯雯
出 版 人／王利民
责任编辑／孙海龙　胡庆英
责任印制／王京美

出　　版／社会科学文献出版社·群学出版分社（010）59366453
　　　　　　地址：北京市北三环中路甲 29 号院华龙大厦　邮编：100029
　　　　　　网址：www.ssap.com.cn
发　　行／社会科学文献出版社（010）59367028
印　　装／唐山玺诚印务有限公司

规　　格／开　本：787mm×1092mm　1/16
　　　　　　印　张：15　字　数：201 千字
版　　次／2022 年 5 月第 1 版　2022 年 5 月第 1 次印刷
书　　号／ISBN 978-7-5201-9901-8
定　　价／98.00 元

读者服务电话：4008918866

版权所有 翻印必究